POK

भारत में वापस

POK
भारत में वापस

देशभक्ति और रोमांच से भरपूर उपन्यास

अमित बगड़िया

प्रभात
पेपरबैक्स
www.prabhatbooks.com

प्रकाशक

प्रभात पेपरबैक्स

4/19 आसफ अली रोड, नई दिल्ली–110002

फोन : 23289777 • हेल्पलाइन नं. : 7827007777

इ–मेल : prabhatbooks@gmail.com ❖ वेब ठिकाना : www.prabhatbooks.com

संस्करण

प्रथम, 2021

आवरण

अदिति सी. शाह

अनुवाद

राजेंद्र कुमार राज

मूल्य

दो सौ पचास रुपए

मुद्रक

आर–टेक ऑफसेट प्रिंटर्स, दिल्ली

———————— ★ ————————

POK : BHARAT MEIN WAPAS
by Shri Amit Bagaria
(Hindi translation of 'SPIES, LIES & RED TAPE')

Published by **PRABHAT PAPERBACKS**
4/19 Asaf Ali Road, New Delhi-110002

ISBN 978-93-90378-81-4

₹ 250.00

यह पुस्तक
सशस्त्र सेनाओं और इंटेलिजेंस सेवाओं के सदस्यों,
जो दिन-रात चौकस रहकर हमें सुरक्षा प्रदान करते हैं,
के साथ-साथ उन हजारों बहादुर, साहसी व्यक्तियों तथा
भोले-भाले नागरिकों को समर्पित है,
जिन्होंने अपनी जानें जम्मू-कश्मीर में गँवाई हैं।

पुस्तक की प्रशंसाएँ : एक नजर में

"तेज रफ्तार, दिलचस्प और वास्तविक क्षेत्रीय परिदृश्य पर आधारित, अच्छे शोध से तैयार प्लॉट के साथ लेखक ने राजनीतिक अस्थिरता के बीच राष्ट्रीय सुरक्षा के मुद्दों को अपनी कल्पना के जरिए पेश किया है। जासूसी का चालाकी के साथ इस्तेमाल कर दुश्मन को रणनीतिक और सामरिक स्तर पर पूरी तरह चौंका देने की घटनाओं को अच्छी तरह जोड़ा गया है। कुल मिलाकर बेहद मजेदार और दिलचस्प थ्रिलर।"

—एयर मार्शल एस.सी. मुकुल

पी.वी.एस.एम., ए.वी.एस.एम., वी.एम., वी.एस.एम.

एकीकृत रक्षा स्टाफ के पूर्व प्रमुख

"समसामयिक भू-राजनीतिक सैन्य परिदृश्य पर एक बेहद मनोरंजक थ्रिलर। बेहद वास्तविक और तेजी से बदलने वाला प्लॉट आपको बाँधे रखता है। भारत या विदेश में भी तमाम जगहों को लेकर लेखक के अध्ययन से कहानी में वास्तविकता आ गई है। अंडरकवर एजेंट्स की उपलब्धियों से भरी यह पुस्तक अपने प्रमुख विषय में अपनी ही तरह के अतियथार्थवाद को जोड़ती है। मैं कहूँगा कि इस पुस्तक को सभी को पढ़ना चाहिए, चाहे वे सेना में हों या सामान्य नागरिक। यदि इस पर मारधाड़ से भरपूर सीरीज तैयार हो तो मुझे आश्चर्य न होगा।"

—एयर मार्शल बी.एन. 'बिंगो' गोखले

पी.वी.एस.एम., ए.वी.एस.एम., वी.एम.

भारतीय वायुसेना के पूर्व उप-प्रमुख

"बेहद मनोरंजक, तेज रफ्तार और अच्छी तरह लिखी गई पुस्तक। एक रोमांचक कहानी, जो सभी को पढ़नी चाहिए, विशेष रूप से जिनकी सैन्य बलों की पृष्ठभूमि है। फिक्शन लिखने के प्रथम सफल प्रयास के लिए लेखक को मेरी बधाई। मुझे आशा है वे ऐसी और भी रोमांचक कहानियाँ लिखेंगे।"

—एयर मार्शल जसबीर वालिया

पी.वी.एस.एम., वी.एम., वी.एस.एम.

पूर्व कमांडर-इन-चीफ, सामरिक बल कमान

❖

"अनोखा और मनोरंजक फिक्शन, जो इतना वास्तविक और व्यावहारिक है कि आपको लगता है, जैसे सबकुछ सच में हो रहा है। लेखक ने क्षेत्रीय भू-राजनीति का अध्ययन काफी अच्छी तरह किया है, जिस कारण उन्होंने एक ऐसी रणनीतिक योजना पेश की है, जिससे अपने पड़ोसी के साथ हमारा विवाद हमेशा के लिए खत्म हो सकता है। काल्पनिक राजनीतिक अस्थिरता की याद दिलाने के लिए स्पष्ट रूप से बताया गया है कि यह हमारी राष्ट्रीय सुरक्षा को कितना नुकसान पहुँचा सकती है। जासूस इस पुस्तक में जान डाल देते हैं, जो बड़े चाव से शब्दों में ढाली गई कला की जीती-जागती मिसाल हैं, और जो पाठक पर इतना गहरा व दिलचस्प प्रभाव डालते हैं कि वह इसे बार-बार पढ़ना चाहेगा।"

—ले. जनरल आर.एन. कपूर

पी.वी.एस.एम., ए.वी.एस.एम. एंड बार

पूर्व डिप्टी चीफ एकीकृत रक्षा स्टाफ

❖

"कभी खत्म न होनेवाले बँटवारे के विवाद पर लिखा गया काफी अच्छा उपन्यास। इस विवाद के निपटारे के लिए सुझाया गया प्रशंसनीय, रोचक और अनोखा हल। नई सोच के लिए भूरि-भूरि प्रशंसा का पात्र। जासूसों के जाल को अत्यधिक कल्पनाशीलता के साथ यथार्थ से जोड़ते हुए बुना गया है। शाबाश!"

—ले. जनरल (डॉ.) जे.एस. चीमा

पी.वी.एस.एम., ए.वी.एस.एम., वी.एस.एम.

भारतीय सेना के पूर्व उप-प्रमुख

❖

"सैन्य बलों के कर्मियों को इस पुस्तक की घटनाएँ अपने जीवन से जुड़ी लग सकती हैं। संभवत: उन्हें यह लगने लगे कि सारी घटनाएँ सचमुच घट रही हैं। भारत-पाक के परिदृश्य में अन्य देशों को शामिल करना निश्चित रूप से पहली और काफी दिलचस्प सोच है। सभी सेनाओं के सेवारत और सेवानिवृत्त कर्मियों को यह पुस्तक जरूर पढ़नी चाहिए। यह एक अच्छी पुस्तक है।"

—एयर मार्शल टी.एस. रंधावा

पी.वी.एस.एम., वी.एम.

पूर्व डी.जी. (निरीक्षण और सुरक्षा), वायुसेना मुख्यालय

"लेखक ने जासूसों की दुनिया जैसे एक मुश्किल विषय को असाधारण तरीके से पेश किया है, जहाँ उन्होंने भारतीय उपमहाद्वीप की तेजी से बदली भू-राजनीति और सैन्य रणनीतियों पर गहरी जानकारी दी है। यह बाँधे और जोड़े रखनेवाली कहानी है, जिसमें वास्तविक जीवन की घटनाओं का अच्छा संतुलन है। विभिन्न घटनाओं को अच्छी तरह रखना तारीफ के काबिल है। आखिर तक यह पुस्तक पाठकों को बाँधे रखती है। लेखक ने हमारी राजनीतिक व्यवस्था की खामियों को काफी परिपक्व तरीके से रखा है। इस पुस्तक पर बनी फिल्म बॉक्स ऑफिस पर खलबली मचा सकती है। भविष्य के रक्षा रणनीतिकारों और युवा नेताओं को भविष्य के लिए खुद को तैयार करने के मकसद से इसे अवश्य पढ़ना चाहिए।"

—ब्रिगेडियर एस.एस. सारावत

पूर्व ब्रिगेडियर, एस.एसी. 4 कोर, भारतीय सेना

"एक बेहद अच्छा जासूसी उपन्यास। सटीक और रोचक ढंग से लिखी पुस्तक ने आखिर तक मेरी दिलचस्पी को बनाए रखा। यह पुस्तक इतनी रोमांचक और मजेदार है कि मेरी बस यही इच्छा रही कि इसे पढ़ता चला जाऊँ।"

—जयदीप खंडूजा

अमेजन के 'टॉप 50' समीक्षक, गुरुग्राम,

एन.सी.आर.

"इसकी रफ्तार सच में कमाल की है। लेखक ने कहानी को पिरोने में कमाल का काम किया है। प्लॉट के साथ किरदारों का जबरदस्त जुड़ाव और उनका संबंध मुझे पसंद आया।"

—पलाश ठाकुर

अमेजन 'टॉप 500' समीक्षक,
जैसलमेर, राजस्थान

❖

"आप मुझे अंतरराष्ट्रीय संबंधों पर आधारित इससे अच्छा राजनीतिक रूप से रोमांचक उपन्यास नहीं बता सकते।"

—रजत वर्मा

अमेजन 'टॉप 500' समीक्षक और इंजीनियर,
गजियाबाद, एन.सी.आर.

❖

"कहानी का सूत्र सच में कमाल का है और पूरे उपन्यास के दौरान जबरदस्त उत्सुकता बनी रहती है।"

—रीमा मिश्रा

अमेजन 'टॉप 500' समीक्षक, मुंबई

❖

"एक तेज रफ्तार रोमांचक उपन्यास, जो पाठक के मस्तिष्क की गहराई में उतर जाता है। जैसे-जैसे आगे बढ़ते है, यह दिलचस्प होता जाता है। यह मन को मोह लेने वाला और रोंगटे खड़ा करने वाला है। रोमांचक सैन्य उपन्यास विरले ही मिलते हैं, और इसे पढ़कर सच में आनंद आ गया। मुझे लगा, जैसे सारी रोमांचक घटनाएँ मेरे आसपास हो रही हैं और मैं उसे देख रही हूँ।"

—ऋतुजा रामटेके

अमेजन 'टॉप 500' समीक्षक, नागपुर, महाराष्ट्र

❖

"बगड़िया का काल्पनिक घटनाओं पर आधारित पहला उपन्यास आपके होश उड़ा देगा। सारे किरदारों को समान और प्रभावशाली भूमिकाएँ दी गई हैं तथा

उन्होंने उनके साथ न्याय किया है। एक रोमांचक उपन्यास, जिसे आप मिस नहीं करना चाहेंगे।"

—शरत बाबू
लेखक, ब्लॉगर एवं अमेजन 'टॉप 500' समीक्षक, चेन्नई

❖

"मैंने इससे पहले किसी भारतीय उपन्यासकार का ऐसा उपन्यास नहीं पढ़ा था। ऐसे पाठकों के लिए एक रोमांचक अनुभव, जो उन उपन्यासों को पढ़ना पसंद करते हैं, जिनमें रोमांच, सस्पेंस और छल का एक जबरदस्त मेल रहता है···अमित बगड़िया ने पाठकों को यह सबकुछ दिया है।"

—अमरकांत सिंह
अमेजन 'टॉप 1000' समीक्षक, दिल्ली

❖

"आप जब किसी काल्पनिक कहानी के जरिए भारत-पाकिस्तान के बारे में पढ़ेंगे, वह भी लेखक की अद्‍भुत जानकारी के साथ तो आप बेशक हैरान रह जाएँगे। राजनीति की एक रोमांचक कहानी, जिसमें आप आखिर तक अनुमान लगाते रहते हैं कि न जाने आगे क्या होगा?"

—अनाहिता ईरानी
अमेजन 'टॉप 1000' समीक्षक, मुंबई

❖

"इस उपन्यास ने एक लेखक के रूप में अमित बगड़िया की प्रसिद्धि को बढ़ाया है और फिक्शन की दुनिया में बतौर उपन्यासकार उनकी प्रतिष्ठा को स्थापित किया है।"

—महेश शर्मा, *अमेजन 'टॉप 1000' समीक्षक, मुंबई*

❖

"उलझी हुई, फिर भी दमदार राजनीतिक कहानी को आगे ले जाना सबके बस की बात नहीं, लेकिन अमित ने इसे खूबसूरती से कर दिखाया है। कुल मिलाकर दिलचस्प कहानीवाली एक कमाल की किताब।"

—राधिका गुप्ता
अमेजन 'टॉप 1000' समीक्षक, लक्ष्मणगढ़, राजस्थान

❖

"मुझे यह पुस्तक, इसका प्लॉट और कहानी बयाँ करने का तरीका अच्छा लगा। कुछ घटनाएँ तो बिल्कुल वास्तविक सी और दिल को छू लेने वाली हैं। अगर इस पर आधारित फिल्म बनी तो मैं उसे देखना चाहूँगी।"

—रुचि पटेल

अमेजन 'टॉप 1000' समीक्षक एवं फिजियोथेरैपिस्ट,
नवसारी, गुजरात

❖

"कुछ कहानी कहनेवाले होते हैं और कुछ कहानी कहने में माहिर। कुछ ही लोग दूसरी श्रेणी में फिट बैठते हैं। अमित निश्‍चित रूप से उनमें से एक हैं।"

—अनमोल कटियार

व्यवसायी, लखनऊ, यू.पी.

❖

"यह देखकर खुशी होती है कि हमारे देश में अमित जैसी अच्छी प्रतिभा है और हमें क्राइम/जासूसी थ्रिलर्स के लिए अंतरराष्ट्रीय उपन्यासकारों के भरोसे नहीं रहना पड़ता है।"

—कार्तिक एच. मुरली, *डेटा साइंटिस्ट, चेन्नई*

❖

"अमित बगड़िया [जी] भारत के ब्रेड थोर हैं।"

—प्रवीण राणा

❖

"अमित ने अपनी कल्पना को जबरदस्त उड़ान दी है और कल्पना भी क्या कल्पना है! उन्होंने कभी खत्म न होनेवाली बहस भी छेड़ी है कि अगर कुछ ऐतिहासिक घटनाएँ जैसे घटीं, उसके उलट होतीं तो क्या होता? और इस तरह से 'काश, इतिहास ऐसा होता' की काल्पनिक रोमांचक उपन्यासों की एक नई धारा को ईजाद किया है।"

—सौरभ सोनथालिया

शेयर बाजार में 29 वर्ष से ज्यादा के अनुभव वाले वरिष्ठ बैंकर, गुरुग्राम

यह मेरा पहला उपन्यास है

इससे पहले मैंने नौ पुस्तकें लिखी हैं, जिनके विषय भारतीय इतिहास, भारतीय राजनीति, सरकार का परिचालन, टाटा ग्रुप, जासूसों की दुनिया एवं इंटेलिजेंस एजेंसियों पर आधारित हैं तथा एक पुस्तक यह प्रश्नचिह्न उजागर करती है कि क्या अमेरिका दुनिया का सबसे बड़ा आतंकी है?

इन पुस्तकों पर मुझे बड़े पैमाने पर पाठकों की सकारात्मक प्रतिक्रियाएँ प्राप्त हुई हैं। लोगों ने आँकड़ों व तथ्यों के साथ-साथ उनके संकलन पर किए गहन शोध के प्रस्तुतीकरण को वास्तव में पसंद किया है।

मेरी अन्य पुस्तकों के बारे में अधिक जानकारी के लिए कृपया https://amctbagariabooks.com पर जाइए।

वास्तविकता

इस उपन्यास में वर्णित सभी एजेंसियाँ, संगठन, राजनयिक तथा सैनिक रैंक, स्थल, भवन एवं भवन-निर्माण का विवरण वास्तविक है।

इसके अलावा सबकुछ पूर्णत: काल्पनिक है। किसी व्यक्ति, जीवित या मृत, के अतिरिक्त किसी घटना में यदि कोई एकरूपता या समरूपता पाई जाए तो उसे मात्र एक संयोग माना जाए।

परिचय

भारतीय

- नीलिमा गुप्ता; प्रधानमंत्री
- कडक मेहता; पूर्व प्रधानमंत्री
- जनरल सुखबीर सिह; चीफ ऑफ आर्मी स्टाफ (सी.ओ.ए.एस.)
- एयर चीफ मार्शल अनिल कुमार श्रीवास्तव; चीफ ऑफ एयर स्टाफ (सी.ए.एस.)
- एडमिरल अरूप घोष; चीफ ऑफ नेवल स्टाफ (सी.एन.एस.)
- रवि कौशिक; सेक्रेटरी, रिसर्च एंड एनालिसिस विंग (Raw) भारत की विदेश इंटेलिजेंस एजेंसी
- सिड; अभिनेता, प्लेबैक सिंगर और तमिल, तेलुगु व हिंदी फिल्मों का प्रोड्यूसर

पाकिस्तानी

- इरफान खान; प्राइम मिनिस्टर
- जनरल इकबाल अहमद; चीफ ऑफ आर्मी स्टाफ (सी.ओ.ए.एस.)
- ले. जनरल अयूब इलाही; डायरेक्टर जनरल, इंटर सर्विसिज इंटेलिजेंस डायरेक्टोरेट (आई.एस.आई.), पाकिस्तान की विदेश इंटेलिजेंस एजेंसी
- इमरान-उल-हक; विशेष सचिव, चाइना एंड ईस्ट, विदेश मंत्रालय

- मेजर जनरल नवाज खान; डिप्टी डायरेक्टर जनरल, एक्सटर्नल विंग, आई.एस.आई.
- मेजर जनरल फजल मिर्जा; डिप्टी डायरेक्टर जनरल, फॉरेन रिलेशंस विंग, आई.एस.आई.
- ब्रिगेडियर फारूक हुसैन, डिफेंस अटैची, पाकिस्तान एंबेसी, मॉस्को
- आयशा बीबी; थर्ड सेक्रेटरी (प्रेस), पाकिस्तानी उच्चायोग, नई दिल्ली

अन्य पात्र

- कात्या पेट्रोव; एजेंट, एफ.एस.बी., रूस की प्रमुख सिक्योरिटी एजेंसी
- चेन योंगयू; पाकिस्तान में चीन का प्रमुख जासूस
- वांग ली; मिनिस्टर, चाइनीज एंबेसी, इस्लामाबाद में

ऐतिहासिक संदर्भ

बृहत्तर कश्मीर प्रदेश में भारत का जम्मू व कश्मीर राज्य तथा पाकिस्तान का स्वतंत्र गिलगिट-बाल्टिस्तान, जिसे भारत पाक-अधिकृत कश्मीर (पी.ओ.के.) कहता है, शामिल है।

ब्रिटिश सरकार ने सन् 1947 में भारत के विभाजन के समय भारत में स्थित 565 देशी रियासतों की संप्रभुता पर अपना अधिकार छोड़ दिया और प्रत्येक रियासत को स्वतंत्र कर दिया, ताकि वे अपने विवेक के अनुसार फैसला कर सकें कि वे भारत या पाकिस्तान में विलय होना चाहती हैं या स्वतंत्र रहना चाहती हैं। अविभाजित कश्मीर का मुसलिम बहुल जनमत पाकिस्तान में विलय चाहता था, किंतु हिंदू महाराजा हरि सिंह भारत में शामिल होना चाहते थे। जल्दीबाजी में निर्णय को स्थगित करने के लिए उन्होंने पाकिस्तान से एक अस्थायी समझौता किया, जिसके अंतर्गत व्यापार, यात्रा और संचार यथावत् बना रहेगा।

प्रथम भारत-पाकिस्तान युद्ध (1947-48)

पाकिस्तान के खैबर पख्तूनवाह प्रदेश के हजारों कबाइलियों ने कश्मीर को महाराजा के शासन से आजाद कराने के लिए कश्मीर पर हमला कर दिया। अविभाजित कश्मीर के कुछ पाकिस्तान-समर्थक विद्रोहियों ने उनका साथ दिया। 24 अक्तूबर को महाराजा हरि सिंह ने भारत से सैन्य सहायता की गुहार की। भारत ने कहा कि जब तक वे भारत में विलय नहीं हो जाते, तब तक वह सहायता नहीं कर पाएगा। 26 अक्तूबर को महाराजा ने भारत में कश्मीर के विलय पर हस्ताक्षर किए और भारत ने फौरन भारतीय सेनाओं को हवाई जहाज से श्रीनगर पहुँचा दिया। पाकिस्तान ने अपने तर्क में कहा कि महाराजा ने दबाव में आकर धोखेबाजी की है और यह कि जब पाकिस्तान से किया गया अस्थायी समझौता बरकरार है तो महाराजा को कोई अधिकार नहीं है कि वे भारत से विलय के समझौते पर हस्ताक्षर करें। भारत और पाकिस्तान की सेनाओं के बीच नौ क्षेत्रों पर नियंत्रण के लिए लड़ाई जारी रही। 31 दिसंबर, 1948 को युद्ध-विराम घोषित किया गया और नियंत्रण रेखा तय की गई, जिसे आज 'लाइन ऑफ कंट्रोल' (एल.ओ.सी.) के नाम से जाना जाता है। पाकिस्तान ने अविभाजित कश्मीर के 64,817 किलोमीटर, गिलगिट-बाल्टिस्तान के 13,297 किलोमीटर और ए.जे.के. पर कब्जा किया है। सन् 1963 में पाकिस्तान ने शक्सगम क्षेत्र को चीन को सौंप दिया।

दूसरा भारत-पाकिस्तान युद्ध (1965)

5 अगस्त, 1965 को 30,000 पाकिस्तानी सैनिक स्थानीय कश्मीरियों के वेश में नियंत्रण रेखा को पार कर जम्मू व कश्मीर में घुस आए। 15 अगस्त को भारतीय सेना ने नियंत्रण रेखा से पार जाकर जवाबी कारवाई की। 39 दिनों के इस युद्ध में भारत के 3,000 और पाकिस्तान के 3,800 सैनिक मारे गए। द्वितीय विश्व युद्ध के बाद इस युद्ध में बड़े पैमाने पर टैंकों और सशस्त्र गाड़ियों की मुठभेड़ देखी गई। संयुक्त राष्ट्र के मातहत और अमेरिका तथा सोवियत संघ के कूटनीतिक हस्तक्षेप के बाद युद्ध-विराम घोषित किया

गया, जिसके बाद 10 जनवरी, 1966 को ताशकंद समझौता हुआ। ताशकंद उज्बेकिस्तान की राजधानी है, जो उस समय सोवियत संघ का एक भाग था। युद्ध-विराम के समय भारत का पलड़ा भारी था। समझौते पर हस्ताक्षर करने के दूसरे दिन ताशकंद में भारत के तत्कालीन प्रधानमंत्री लाल बहादुर शास्त्री की रहस्यपूर्ण परिस्थितियों में मृत्यु हो गई।

तीसरा भारत-पाकिस्तान युद्ध (1971)

भारत ने यह युद्ध बुनियादी रूप से बँगलादेश (जो उस समय पूर्वी पाकिस्तान था) को आजादी दिलाने के लिए लड़ा था। युद्ध में भारत की निर्णायक विजय हुई, क्योंकि न केवल पाकिस्तान को अपनी आबादी का लगभग 52.7 प्रतिशत भाग के साथ लगभग 14.5 प्रतिशत भू-भाग खोना पड़ा, बल्कि उसे भारत के मुकाबले नौ गुना अधिक सैनिकों (मृत और घायल) को भी खो देना पड़ा। यही नहीं, भारत ने 97,368 पाकिस्तानी सैनिकों को युद्धबंदी बनाया। बहरहाल, शिमला समझौते के अनुसार, जो जुलाई 1972 में पाकिस्तान के राष्ट्रपति जुल्फिकार अली भुट्टो और भारत की प्रधानमंत्री इंदिरा गांधी के बीच हुआ, भारतीय प्रधानमंत्री ने भारतीय सेना द्वारा विजित पश्चिमी पाकिस्तान के अधिकांश भूभाग (जिसमें ए.जे.के. तथा पी.ओ.के. शामिल थे) को पाकिस्तान को लौटा दिया।

चौथा भारत-पाकिस्तान युद्ध (1999)

'कारगिल युद्ध' के नाम से प्रसिद्ध यह युद्ध सन् 1999 में 3 मई से 26 जुलाई तक लड़ा गया। सन् 1965 के युद्ध की तरह पाकिस्तानी सैनिक घुसपैठियों के वेश में भारत में घुस आए। शुरू में पाकिस्तान ने इसके लिए स्थानीय कश्मीरी विद्रोहियों पर दोष मढ़ा, लेकिन बाद के कागजात और पाकिस्तानी नेताओं के वक्तव्यों ने यह प्रमाणित कर दिया कि इसमें उसकी सेना शामिल है। भारतीय सेना ने वायुसेना की सहायता से अधिकांश स्थलों को फिर से अपने कब्जे में कर लिया। भारतीय नौसेना ने पाकिस्तान के सप्लाई के रास्तों को रोकने के लिए पाकिस्तानी बंदरगाहों, विशेषकर कराची,

की नाकेबंदी करने की तैयारी कर ली। इसी बीच अमेरिका के राष्ट्रपति बिल क्लिंटन ने पाकिस्तानी प्रधानमंत्री नवाज शरीफ को वाशिंगटन बुलाकर विद्रोहियों को नियंत्रित करने और पाकिस्तानी सैनिकों को वापस बुलाने को कहा। जी-8 राष्ट्रों, यूरोपीय संघ तथा आसियान (ASEAN) देशों ने भी पाकिस्तान द्वारा नियंत्रण रेखा को पार करने के लिए पाकिस्तान की निंदा की। यहाँ तक कि चीन ने भी पाकिस्तानी फौजों की वापसी के लिए पाकिस्तान पर दबाव डाला। बढ़ते हुए अंतरराष्ट्रीय दबावों को देखते हुए नवाज शरीफ ने बाकायदा सैनिकों की वापसी कर ली। उन्होंने बाद में बताया कि यदि लड़ाई पूरे युद्ध स्तर पर छह दिनों और जारी रहती तो वे मुश्किल में पड़ सकते थे, क्योंकि पाकिस्तान के पास ईंधन केवल छह दिनों का रह गया था। क्लिंटन ने अपनी आत्मकथा में लिखा है कि भारतीय प्रधानमंत्री वाजपेयी ने कश्मीर समस्या के समाधान के लिए आपसी बातचीत बढ़ाने के लिए जो लाहौर यात्रा की थी, पाकिस्तान ने नियंत्रण रेखा को पार कर उसको ध्वस्त कर दिया। क्लिंटन ने नियंत्रण रेखा को नहीं पार करने के लिए भारत की प्रशंसा की।

जम्मू व कश्मीर में विद्रोह

कश्मीर घाटी में अलगाववादी या सशस्त्र विद्रोही दल जम्मू व कश्मीर की आजादी का समर्थन करते हैं या पाकिस्तान में विलय की माँग करते हैं। इस आंदोलन में 'जिहाद' की प्रबल मौजूदगी है। अनेक दल पिछले दशकों से कश्मीरी संस्कृति और राजनीति को इसलामिक तर्ज पर बदलने की कोशिश में लगे हुए हैं, ताकि पाकिस्तान में विलय के लिए उपयुक्त वातावरण तैयार किया जा सके। इसके लिए पाकिस्तान उन्हें आर्थिक, संभार-तंत्र (लॉजिस्टिक) मदद के अतिरिक्त शस्त्रों, नए रंगरूटों और प्रशिक्षण के जरिए सहायता करता है। पाकिस्तान की विदेश इंटेलिजेंस एजेंसी आई.एस.आई., जो खुद में एक स्वतंत्र राज्य मानी जाती है, भारतीय सेना का ध्यान हटाने के लिए इनका इस्तेमाल करती है और कोशिश करती है कि मानवीय अधिकारों के हनन के लिए अंतरराष्ट्रीय समुदाय में भारत की निंदा हो। सोवियत रूस द्वारा अफगानिस्तान पर हमले के दौरान (1979-1989) आई.एस.आई.

समर्थक मुजाहिदीन लड़ाकू कश्मीर में बुनियादी इसलामिक विचारधारा को फैलाने के लिए घुस आए थे।

कश्मीर में बड़े पैमाने पर विद्रोह की शुरुआत सन् 1987 में राज्य विधानसभा के बाद हुई, जिसमें आरोप लगाया गया कि वर्तमान मुख्यमंत्री फारूख अब्दुल्ला और जे.के.एन.सी. पार्टी तथा कांग्रेस के गठबंधन को जिताने के लिए धाँधली की गई है, जिसे 76 में से 66 सीटें मिली हैं। चुनाव से पहले सरकार-विरोधी अनेक दलों ने मिलकर मुसलिम यूनाइटेड फोरम बनाया था। उनका कहना था—जे.के.एन.सी. ने सत्ता के लिए कांग्रेस की केंद्र सरकार के सामने घुटने टेककर राज्य के विशेष दर्जे को दाँव पर लगा दिया। मुसलिम यूनाइटेड फ्रंट को चुनाव में 17 से 24 सीटें मिलने की उम्मीद थी। अब्दुल्ला ने स्वयं माना कि धाँधली न होती तो एम.यू.एफ. 20 सीटें जीत सकता थी। इसने सशस्त्र विद्रोही दलों को नए सिरे से उन इलाकों में भड़का दिया, जहाँ धाँधली के कारण हार हुई थी।

वर्ष 1989 की अंतिम छमाही में जे. एंड के. लिबरेशन फ्रंट द्वारा भारतीय जासूसों और राजनयिकों की हत्याओं का दौर बढ़ गया। प्रशासकीय व इंटेलिजेंस कार्य-प्रणाली को ध्वस्त करने के लिए सौ से ज्यादा अधिकारियों की हत्याएँ हुईं। भारत के तत्कालीन गृहमंत्री की बेटी का अपहरण किया गया और चार आतंकवादियों को रिहा करने के बाद छोड़ा गया। इस घटना को लेकर संपूर्ण घाटी में समारोह किए गए। वर्ष 1990 के आरंभ में 'निजाम-ए-मुस्तफा' (मुहम्मद शासन) की माँग करने के लिए अनेक इसलामी दलों का गठन किया गया। 'हिजबुल मुजाहिदीन' और 'जमात-ए-इसलामी' जैसे सशस्त्र विद्रोही दलों ने माँग की कि कश्मीर में जब तक इसलामिक खलीफेट नहीं बन जाती, तब तक लड़ाई जारी रहेगी। इसलाम-विरोधी तत्त्वों से मुक्ति पाने के लिए कश्मीरी पंडितों, 'एक्टिविस्टों' तथा उदारवादी तत्त्वों की हत्याओं को जरूरी समझा गया। करीब 4,50,000 कश्मीरी पंडितों (जो राज्य के मूल निवासी थे) को 1985 से लेकर 1995 के दौरान कश्मीर से खदेड़ दिया गया। उन विद्रोहियों ने सिनेमा, वीडियो सेंटरों, ब्यूटी पार्लर, शराब

की दुकानों, बार, श्रृंगार के साधनों, सिगरेट जैसी वस्तुओं पर पाबंदी लगा दी।

वर्ष 2000 के आरंभ तक कश्मीर की लड़ाई पूरी तरह से इसलामी लड़ाई में परिवर्तित हो गई।

अमेरिका की जासूसी एजेंसी एफ.बी.आई. ने पहली बार वर्ष 2011 में एक अदालत में स्वीकार किया कि आई.एस.आई. कश्मीर में आतंकवाद फैलाता है और कश्मीर में आतंकी व अलगाववादी दलों का पालन-पोषण करता है।

पूर्व पाकिस्तानी राष्ट्रपति जनरल परवेज मुशर्रफ ने अक्तूबर 2014 में कहा, "हमारे पास सेना (पाकिस्तान) के अतिरिक्त साधन (कश्मीर) भी हैं। कश्मीर में अवाम (भारत के खिलाफ) लड़ रहा है। हमें उन्हें बढ़ावा देना है।"

सन् 1987 से लेकर अब तक कश्मीर में अलगाववादी हिंसा में 48,600 से ज्यादा लोगों ने अपनी जानें गँवाई हैं।

प्रस्तावना

मंगलवार, 4 अगस्त, 2020

भारत के प्रधानमंत्री के वी.वी.आई.पी. विमान ने इस्लामाबाद अंतरराष्ट्रीय एयरपोर्ट से भारतीय समयानुसार सुबह 7 बजकर 45 मिनट पर उड़ान भरी। उसे निर्धारित समयानुसार नई दिल्ली के इंदिरा गांधी एयरपोर्ट पर 9 बजकर 10 मिनट पर उतरना था। करीब 8.30 बजे रडार पर जब वह विमान अपने निर्धारित रूट से अलग होने लगा तो नई दिल्ली के इंदिरा गांधी हवाई अड्डे पर खलबली मच गई। चूँकि यह राष्ट्रीय सुरक्षा का मामला था, एयर ट्रैफिक कंट्रोलरों को 45 मिनट यह पता करने में लग गए कि इसकी खबर किसे दी जाए और उस तक कैसे पहुँचा जाए।

9.15 बजे तक यह देखने में आया कि आई.जी.आई.ए. के रडार रेंज से बाहर निकलकर विमान दक्षिण की ओर जा रहा है। क्या प्रधानमंत्री का विमान 'हाईजैक' हो गया है? क्या वह श्रीलंका या मालदीव की ओर जा रहा है? क्या पाकिस्तानियों का इसमें हाथ है?

आई.जी.आई.ए. कंट्रोल टावर पायलट से सीधा संपर्क नहीं कर सकता था, क्योंकि वे एयरफोर्स के पायलट थे, जो इंडियन के एयर हेडक्वार्टर कम्युनिकेशन स्क्वाड्रन 'पेगासस' में ड्यूटी कर रहे थे। केवल आई.ए.एफ. स्टेशन्स ही वी.वी.आई.पी. के पायलटों से संपर्क कर सकते थे।

जब एयर हेडक्वार्टर के संबद्ध अधिकारी को खबर दी गई तो उसने चीफ एयर मार्शल श्रीवास्तव को सूचित किया। चीफ एयर मार्शल ने अधिकारी से

कहा कि गैर-जरूरी आतंक न फैलने पाए, इसलिए वह खबर को गोपनीय रखे और यह कि वे स्वयं आगे की स्थिति को सँभाल लेंगे। रक्षा मंत्री, विदेश मंत्री और राष्ट्रीय सुरक्षा सलाहकार (एन.एस.ए.) प्रधानमंत्री के साथ इस्लामाबाद गए थे। उनकी अनुपस्थिति में चीफ एयर मार्शल को उपयुक्त अधिकारी कैबिनेट सचिव या रक्षा सचिव लगे। उन दोनों को आई.जी.आई.ए. के चीफ एक्जीक्यूटिव ऑफिसर ने पहले ही सूचित कर दिया था।

दोनों अधिकारियों ने एयर चीफ से संपर्क करने का प्रयास किया, लेकिन संपर्क नहीं हो पाया, क्योंकि वे दफ्तर या मोबाइल फोन के कॉल नहीं ले रहे थे।

अजीब हालत थी। आखिर हो क्या रहा है ?

आभार

विश्व के जिन प्रख्यात लेखक, साहित्यकार एवं प्रबुद्ध नागरिकों ने मुझे किसी-न-किसी रूप में इस उपन्यास को लिखने के लिए प्रोत्साहित किया, उनमें अगाथा क्रिस्टी, आर्थर कॉनन डॉयल, आयन रैंड, ब्रैड थोर, चार्ल्स डिकेंस, डेन ब्राउन, डेनियल सिल्वा, डेविड बॉल्डेकी, जॉर्ज ऑरवेल, अर्नेस्ट हेमिंग्वे, फ्रेडरिक फॉर्सिथ, जेम्स हेडली चेस, जेम्स पीटरसन, जेफरी आर्चर, मार्क ट्वेन, पाउलो कोएल्हो, रॉबर्ट लुईस स्टीवेंसन, रॉबर्ट लुडलुम, रुडयार्ड किपलिंग, सिडनी शेल्डन और थॉमस केनेली शामिल हैं।

लेफ्टिनेंट जनरल (रिटायर्ड) आर.एन. कपूर, पी.वी.एस.एम., ए.वी.एस.एम., बार; ग्रुप कैप्टेन (रिटायर्ड) मितापल्ली दीपक, लेफ्टिनेंट कर्नल (रिटायर्ड) मनीष जेटली, आदित्य डालमिया, अल्का जैन, अंकुर सिंह, अर्चना सिंघानिया, गौरव सर्राफ, मोहित मोहता, मृदुला अर्जुन, रमेश इमानी, शरत बाबू, सरोज कुमार मिश्रा, श्रीला मित्रा; मेरी चार सलहजें—नताशा, नेहा, राधिका और सीमा; मेरी पत्नी रितु, मेरा बेटा सोहम, इन सभी को इस पुस्तक को प्रकाशन से पूर्व पढ़ने और अपने विचारों को व्यक्त करने के लिए आभार, जिनके सुझावों ने पुस्तक के पाठ्य को और रुचिकर बनाने में सहयोग दिया। ये सभी उपन्यास के प्रेमी रहे हैं और इनके उपयोगी विचारों ने निश्चित रूप से पुस्तक को प्रभाव व रवानगी में और मुखर बनाया है।

और, अंत में मेरा सर्वश्रेष्ठ आभार मोहित आर्या और श्रुति मोहता को, जिन्होंने पुस्तक की पांडुलिपि के प्रत्येक पृष्ठ को पढ़कर मुझे महत्त्वपूर्ण सुझाव दिए, जिन्होंने उपन्यास की सफलता में अभूतपूर्व योगदान दिया है। वे सही मायने में मेरी पुस्तक के संपादक रहे हैं।

अनुक्रम

1

राष्ट्रीय सुरक्षा

23 मई, 2019

सत्रहवीं लोकसभा (भारतीय संसद् का निचला सदन) के सदस्यों का चुनाव सात चरणों में 11 अप्रैल से शुरू होकर 19 मई, 2019 को पूरा हुआ। अनेक राजनीतिक पंडितों और मीडिया विशेषज्ञों की राय में, चुनाव के परिणाम व्यापक रूप से सदमा पहुँचाने वाले थे; क्योंकि प्रधानमंत्री कडक मेहता के 22 राजनीतिक दलों का गठबंधन 543 में से मात्र 224 सीटें ही जीत पाया था।

एक वंशवादी राष्ट्रीय पार्टी ने 'युवा' अध्यक्ष के नेतृत्व में नई संसद् में दूसरी सबसे बड़ी पार्टी का दर्जा हासिल किया था। पार्टी ने 98 सीटों पर विजय प्राप्त की थी।

एक 'एकल पार्टी', जिसका नेतृत्व पार्टी की संस्थापक नीलिमा गुप्ता ने किया, 35 सीटें जीतकर तीसरी सबसे पार्टी बनी थी। महिला तेज-तर्रार तथा राजनीति में पारंगत थीं। मेहता को हराने के लिए उन्होंने सभी विरोधी दलों को अपने साथ मिलाकर एड़ी-चोटी का जोर लगा दिया था। मेहता और उनकी सरकार की नीतियों की आलोचना करने में वह विरोधी दलों में सबसे आगे रही थीं।

अपने गृह राज्य में अपने लाभ के लिए सांप्रदायिक और भाषा को लेकर 'वोट बैंक राजनीति' करने में वे सबसे आगे थीं। व्यापक रूप से वे एक अल्पसंख्यक समुदाय की पक्षधर मानी जाती थीं। वे खुलकर उनके धार्मिक

समारोहों में भाग लेती थीं, जबकि उनसे चार गुना ज्यादा देश की विशाल बहुसंख्यक आजादी की जरा भी परवाह नहीं करती थीं। इसका कारण उनके अपने राज्य में आबादी का गणित था, जो दूसरे राज्यों के मुकाबले अलग था। यद्यपि राष्ट्रीय जनगणना को हुए आठ वर्ष बीत चुके थे, फिर भी लोगों का बड़े पैमाने पर विश्वास था कि देश की अल्पसंख्यक आबादी के राष्ट्रीय औसत का दुगुना भाग उनके राज्य में रहता है। चूँकि उन्होंने विधायकों के लिए उम्मीदवारों का चयन उसी प्रदेश से किया था, इसलिए उनकी पार्टी के लिए यह जीतने का एक जबरदस्त रण-कौशल भी साबित हुआ था।

10 जून, 2019

मेहता के विरोध में जुड़ी राजनीतिक पार्टियों की अठारह दिनों की दैनिक वार्त्ताओं और आपसी खींचातानी के बाद चुनाव के पश्चात् 25 पार्टियों के गठबंधन की सरकार ने सुश्री नीलिमा गुप्ता के नेतृत्व में देश का कार्यभार सँभाला और नीलिमा गुप्ता भारत की पंद्रहवीं प्रधानमंत्री बनीं।

मेहता के विरोध में जुड़ी राजनीतिक पार्टियों की अठारह दिनों की दैनिक वार्त्ताओं और आपसी खींचातानी के बाद चुनाव के पश्चात् 25 पार्टियों के गठबंधन की सरकार ने सुश्री नीलिमा गुप्ता के नेतृत्व में देश का कार्यभार सँभाला और नीलिमा गुप्ता भारत की पंद्रहवीं प्रधानमंत्री बनीं।

नई सरकार को 292 सांसदों, जिनमें कुछ निर्दलीय सदस्य भी शामिल थे, का समर्थन प्राप्त था। चार पार्टियों ने अपने 27 सदस्यों के साथ सरकार से बाहर रहने का निर्णय किया।

नीलिमा गुप्ता की पार्टी ने नए गठबंधन में केवल 35 सीटें जीती थीं, फिर भी उन्होंने सबसे बड़ी पार्टी के उम्मीदवार को समर्थन देने से इनकार कर दिया था, जिसके पास उनकी पार्टी की सीटों से लगभग तिगुनी सीटें थीं। उनका तर्क था कि उनके पास पैंतीस वर्षों का चयनित नेता का अनुभव है, जबकि वंशवादी राष्ट्रीय पार्टी के अध्यक्ष के पास केवल पंद्रह वर्ष का अनुभव

था। इसके अतिरिक्त, उन्होंने दो बार केंद्रीय मंत्री बनकर विशाल मंत्रालयों को सँभाला है और भारत के सबसे बड़े राज्य की आठ से ज्यादा वर्षों से वे मुख्यमंत्री बनी हुई हैं; जबकि वंशवादी पार्टी के अध्यक्ष के पास कोई प्रशासकीय अनुभव नहीं है। इस अंतिम पहलू पर वे गलत नहीं थीं।

गठबंधन के दूसरे सदस्यों ने समझाया, यहाँ तक कि धमकाया भी, कि वंशवादी एक विशाल और 'राष्ट्रीय' पार्टी के मुकाबले उनकी पार्टी महज एक 'प्रादेशिक' पार्टी है; लेकिन वे अपने निर्णय से टस-से-मस नहीं हुईं।

चुनाव के पश्चात् गठबंधन के पास चूँकि उनकी पार्टी के 35 सांसदों के बिना बहुमत नहीं था, इसलिए मजबूरी में उन्हें नीलिमा गुप्ता को समर्थन देना पड़ा और वे प्रधानमंत्री बन गईं।

कडक मेहता विरोधी पार्टी के नेता बने।

3 जुलाई, 2019

नई सरकार में प्रमुख मंत्रालयों के लिए तेईस दिनों की उठा-पटक और कई बार मंत्रालयों के फेर-बदल के बाद सरकार का गठन हुआ। अंत में, वंशवादी राष्ट्रीय पार्टी ने अपने 98 सांसदों के साथ कोई भी मंत्रालय लेने से इनकार कर दिया। मंत्रिमंडल में दो क्षेत्रीय दलों के 188 सदस्यों में से 69 सदस्यों को तथा नीलिमा गुप्ता की पार्टी के 35 सदस्यों में 18 सदस्यों को मंत्रिमंडल में शामिल किया गया।

नई सरकार में प्रमुख मंत्रालयों के लिए तेईस दिनों की उठा-पटक और कई बार मंत्रालयों के फेर-बदल के बाद सरकार का गठन हुआ। अंत में, वंशवादी राष्ट्रीय पार्टी ने अपने 98 सांसदों के साथ कोई भी मंत्रालय लेने से इनकार कर दिया। मंत्रिमंडल में दो क्षेत्रीय दलों के 188 सदस्यों में से 69 सदस्यों को तथा नीलिमा गुप्ता की पार्टी के 35 सदस्यों में 18 सदस्यों को मंत्रिमंडल में शामिल किया गया।

मार्च 1998 के बाद यह सरकार भारत की सबसे कमजोर सरकार मानी गई।

9 जुलाई, 2019

प्रधानमंत्री ने अपने गृह राज्य में काफी बदनाम पूर्व पुलिस अधिकारी को अपना राष्ट्रीय सुरक्षा सलाहकार (एन.एस.ए.) नियुक्त किया। व्यापक रूप से यह अधिकारी उनका पिट्ठू माना जाता था।

प्रधानमंत्री ने यह भी घोषणा की कि पड़ोसी देशों से शांति कायम करने के प्रयास के रूप में वे प्रतिरक्षा बजट में 25 प्रतिशत कटौती करेंगी। पड़ोसियों से या केवल एक पड़ोसी से शांति?

अगस्त 2019

नई प्रधानमंत्री अपने समर्थन के क्षेत्र को छोड़कर राष्ट्रीय सुरक्षा के मामलों में कमजोर मानी जाती थीं। एक से अधिक अवसरों पर उन्होंने पाकिस्तान के विरुद्ध भारतीय सशस्त्र सेनाओं की काररवाइयों पर प्रश्नचिह्न उठाए थे। उन्होंने केंद्रीय अर्धसैनिक बलों को, जिन्हें सरकारी ड्यूटी पूरी करने के लिए उनके राज्य में भेजा गया था, स्थानीय पुलिस को आदेश देकर 'गिरफ्तार' भी करवा दिया था। उनके राज्य के और बाहर के अनेक लोगों ने इस काररवाई को संविधान के विरुद्ध बताया था। उन्होंने कई केंद्रीय जाँच-पड़ताल करनेवाली एजेंसियों को अपने राज्य में काम करने पर 'रोक' लगा दी।

नई प्रधानमंत्री अपने समर्थन के क्षेत्र को छोड़कर राष्ट्रीय सुरक्षा के मामलों में कमजोर मानी जाती थीं। एक से अधिक अवसरों पर उन्होंने पाकिस्तान के विरुद्ध भारतीय सशस्त्र सेनाओं की काररवाइयों पर प्रश्नचिह्न उठाए थे। उन्होंने केंद्रीय अर्धसैनिक बलों को, जिन्हें सरकारी ड्यूटी पूरी करने के लिए उनके राज्य में भेजा गया था, स्थानीय पुलिस को आदेश देकर 'गिरफ्तार' भी करवा दिया था।

जैसे ही भारत की सत्रहवीं लोकसभा का अधिवेशन समाप्त हुआ, नई सरकार ने राष्ट्रीय सुरक्षा संबंधी अपने पहले नीतिगत निर्णय में

'आर्म्ड फोर्सेस (स्पेशल पावर्स) ऐक्ट' या ए.एफ.एस.पी.ए. को भारत के सात उत्तर-पूर्वी राज्यों और जम्मू एवं कश्मीर (जे. एंड के.) में निरस्त कर दिया। इस निर्णय को लागू करने के लिए एक अध्यादेश जारी किया गया।

ए.एफ.एस.पी.ए. भारत की संसद् का कानून है, जिसके अंतर्गत सशस्त्र बलों को 'उपद्रवग्रस्त' क्षेत्रों में शांति व कानून बनाए रखने के लिए विशेष शक्तियाँ प्रदान की जाती हैं। इसे सन् 1958 में पहली बार असम, मणिपुर व नागालैंड में लागू किया गया था। धीरे-धीरे यह अन्य उत्तर-पूर्वी राज्यों में भी लागू कर दिया गया। आर्म्ड फोर्सेस (जम्मू एंड कश्मीर) स्पेशल पावर्स ऐक्ट-1990 में जम्मू व कश्मीर में लागू किया गया था और तब से लागू था।

ए.एफ.एस.पी.ए. भारत की संसद् का कानून है, जिसके अंतर्गत सशस्त्र बलों को 'उपद्रवग्रस्त' क्षेत्रों में शांति व कानून बनाए रखने के लिए विशेष शक्तियाँ प्रदान की जाती हैं। इसे सन् 1958 में पहली बार असम, मणिपुर व नागालैंड में लागू किया गया था। धीरे-धीरे यह अन्य उत्तर-पूर्वी राज्यों में भी लागू कर दिया गया। आर्म्ड फोर्सेस (जम्मू एंड कश्मीर) स्पेशल पावर्स ऐक्ट-1990 में जम्मू व कश्मीर में लागू किया गया था और तब से लागू था।

अध्यादेश ऐसे कानून होते हैं, जिन्हें राष्ट्रपति केंद्रीय मंत्रिमंडल की सिफारिश पर जारी करते हैं। इन्हें केवल उस स्थिति में जारी किया जा सकता है, जब संसद् का अधिवेशन नहीं चल रहा हो, ताकि केंद्र सरकार समय पर उपयुक्त काररवाई कर सके। यदि संसद् अपने अधिवेशन के शुरू होने के समय से छह सप्ताह के भीतर वह का अनुमोदन नहीं करती है या संसद् के दोनों सदन अध्यादेश के विरोध में प्रस्ताव पास कर देते हैं तो वह निरस्त हो जाता है।

जैसाकि उम्मीद थी, भारतीय सशस्त्र सेनाओं के टॉप कमांडर 'आर्म्ड फोर्सेस (स्पेशनल पावर्स) ऐक्ट' के निरस्त्रीकरण (विशेष रूप से जम्मू

व कश्मीर में) को लेकर बहुत चिंतित थे। इसके अलावा, राष्ट्रीय सुरक्षा सलाहकार के चुनाव तथा प्रतिरक्षा बजट कटौती भी उनकी परेशानी के केंद्रबिंदु थे।

इनमें सर्वप्रथम साठ वर्षीय जनरल सुखबीर सिंह, पी.वी.एस.एम., यू.वाई.एस.एम., वाई.एस.एम., वी.एस.एम., चीफ ऑफ द आर्मी स्टाफ (सी.ओ.ए.एस.) थे, जो आजादी के पश्चात् उनतीस भारतीय सेनाधिकारियों के बाद तीसरे सिख सेनाधिकारी थे, जो इस पद पर पहुँचे थे। पहले दो सेनाधिकारी ब्रिटिश थे। सुखबीर सिंह एक कर्मठ सैनिक थे। उन्होंने सन् 1999 में कर्नल के रूप में पाकिस्तान के खिलाफ कारगिल युद्ध में भाग लिया था।

जनरल सिंह का जन्म एक सैनिक परिवार में हुआ था। उनके दादा ने भारतीय सेना में रहकर सन् 1947 में हुए प्रथम भारत-पाक युद्ध में भाग लिया था। इसके अलावा, उन्होंने 1962 के भारत-चीन युद्ध, 1965 के भारत-पाक युद्ध तथा 1971 में हुए तीसरे भारत-पाक युद्ध में भी हिस्सा लिया था। वे लेफ्टिनेंट जनरल के पद से रिटायर हुए थे। उनके पिता ने सेना में रहकर सन् 1962, 1965 एवं 1971 के युद्धों में भाग लिया और वे भी लेफ्टिनेंट जनरल के पद से रिटायर हुए थे।

जनरल सिंह का जन्म एक सैनिक परिवार में हुआ था। उनके दादा ने भारतीय सेना में रहकर सन् 1947 में हुए प्रथम भारत-पाक युद्ध में भाग लिया था। इसके अलावा, उन्होंने 1962 के भारत-चीन युद्ध, 1965 के भारत-पाक युद्ध तथा 1971 में हुए तीसरे भारत-पाक युद्ध में भी हिस्सा लिया था। वे लेफ्टिनेंट जनरल के पद से रिटायर हुए थे। उनके पिता ने सेना में रहकर सन् 1962, 1965 एवं 1971 के युद्धों में भाग लिया और वे भी लेफ्टिनेंट जनरल के पद से रिटायर हुए थे।

सुखबीर सिंह अपने दादा व पिता से भी आगे निकल गए और अपने

परिवार में वे पहले आर्मी चीफ 'फुल फोर स्टार' जनरल के ओहदे पर पहुँचे थे। उनका इकतीस वर्षीय बेटा भारतीय सेना के पंद्रहवें कोर में मेजर के पद पर कार्यरत है। यह परिवार की चौथी पीढ़ी है, जो देश की सेवा में लगी हुई है। पंद्रहवीं कोर श्रीनगर स्थित आर्मी हेडक्वार्टर की पैदल सेना की यूनिट है, जिस पर कश्मीर घाटी में सैन्य काररवाई की जिम्मेदारी है। इस यूनिट ने आज तक भारत और चीन से हुए सभी युद्धों में भाग लिया है।

सशस्त्र सेनाएँ भी कडक मेहता की हार से आमतौर पर चिंतित थीं, क्योंकि वे सुरक्षा के मामलों में बहुत मजबूत थे। उन्होंने दो बार 'लाइन ऑफ कंट्रोल' पार करके पाकिस्तान में घुसकर एक बार सर्जिकल ग्राउंड स्ट्राइक और दूसरी बार सर्जिकल एयर स्ट्राइक (हवाई हमला) की छूट दी थी। यह सर्जिकल स्ट्राइक पाकिस्तान द्वारा पोषित सीमा पार आतंकी हमलों की जवाबी काररवाई के रूप में की गई थी। विरोधी दलों के अनेक नेताओं ने, जो आज नई सरकार में मंत्री हैं, भारत की ओर से की गई सर्जिकल स्ट्राइक की आलोचना की थी। स्वयं प्रधानमंत्री ने दोनों बार प्रश्न उठाए थे। सन् 2017 में वंशवादी राष्ट्रीय पार्टी के प्रमुख नेता ने तत्कालीन सेनाध्यक्ष को 'सड़क छाप मूर्ख' कहा था।

सशस्त्र सेनाएँ भी कडक मेहता की हार से आमतौर पर चिंतित थीं, क्योंकि वे सुरक्षा के मामलों में बहुत मजबूत थे। उन्होंने दो बार 'लाइन ऑफ कंट्रोल' पार करके पाकिस्तान में घुसकर एक बार सर्जिकल ग्राउंड स्ट्राइक और दूसरी बार सर्जिकल एयर स्ट्राइक (हवाई हमला) की छूट दी थी। यह सर्जिकल स्ट्राइक पाकिस्तान द्वारा पोषित सीमा पार आतंकी हमलों की जवाबी काररवाई के रूप में की गई थी।

जनरल सिंह ने प्रधानमंत्री से तुरंत मिलने की अनुमति माँगी। अध्यादेश जारी होने के छह दिन और अनुमति माँगने की तिथि से पाँच दिन बाद चीफ ऑफ द आर्मी स्टाफ को अंततः अनुमति मिल गई। उनके साथ वाइस

चीफ ऑफ आर्मी स्टाफ (वी.सी.ओ.एस.) तथा उत्तरी कमांड के जनरल ऑफिसर–कमांडिंग–इन–चीफ भी प्रधानमंत्री से मिलने गए।

उनकी मुलाकात लोक कल्याण मार्ग स्थित प्रधानमंत्री के कार्यालय में हुई, जबकि प्रधानमंत्री का सचिवालय साउथ ब्लॉक में है। प्रधानमंत्री का प्रमुख कार्यस्थल लोक कल्याण मार्ग पर 12 एकड़ के कंपाउंड में स्थित है, जिसे 'पंचवटी' कहा जाता है, अर्थात् पाँच वृक्षों का झुंड। इस अहाते में पाँच बँगले हैं, जिनमें प्रधानमंत्री का आवास भी शामिल है। अन्य बँगलों में प्रधानमंत्री का दैनिक कार्यालय, गेस्ट हाउस तथा स्पेशल प्रोटेक्शन ग्रुप (एस.पी.जी.) का कार्यस्थल है, जो प्रधानमंत्री की सुरक्षा करता है। पाँचवें बँगले में लगभग डेढ़ किलोमीटर लंबी एक गोपनीय सुरंग है, जो लोक कल्याण मार्ग को सफदरजंग हवाई अड्डे से जोड़ती है। यह हवाई अड्डा बुनियादी रूप से वी.वी.आई.पी. हेलीकॉप्टर को इंदिरा गांधी इंटरनेशनल एयरपोर्ट तक की उड़ान के लिए इस्तेमाल किया जाता है।

उनकी मुलाकात लोक कल्याण मार्ग स्थित प्रधानमंत्री के कार्यालय में हुई, जबकि प्रधानमंत्री का सचिवालय साउथ ब्लॉक में है। प्रधानमंत्री का प्रमुख कार्यस्थल लोक कल्याण मार्ग पर 12 एकड़ के कंपाउंड में स्थित है, जिसे 'पंचवटी' कहा जाता है, अर्थात् पाँच वृक्षों का झुंड। इस अहाते में पाँच बँगले हैं, जिनमें प्रधानमंत्री का आवास भी शामिल है।

"मैडम, हम विश्वास के साथ यह कहना चाहते हैं कि कश्मीर में आर्म्ड फोर्सेज (स्पेशल पावर्स) ऐक्ट को हटाना एक भयंकर गलती है।" छह फीट दो इंच ऊँचे, चौड़ी छातीवाले जनरल ने 5 फीट 3 इंच छोटी काठीवाली प्रधानमंत्री की आँखों में सीधे देखते हुए कहा।

"क्या सेना मुझे सिखाएगी कि मैं कैसे काम करूँ?" प्रधानमंत्री ने गुर्राते हुए जवाब दिया।

"नहीं मैडम, हम केवल अपने विचार व्यक्त कर रहे हैं।"

"कई सालों से आप लोग ओधार (उधर) में ह्यूमन राइट्स भायोलेट (वायलेट) कर रहा है। हजारों इनोसेंट मुसलिम लोगों का रेपिंग (बलात्कार) और किलिंग (हत्या) कर रहा है। जब तक मैं पी.एम. है, मैं यह एलाउ (छूट) नहीं करेगा।"

अपनी कठोर मुद्रा में जनरल ने अपने क्रोध को जब्त करते हुए कहा, "मैडम, आदर सहित कहता हूँ कि ये सब झूठे इल्जाम हैं, जो वे लोग लगाते हैं, जिन्हें हमारे दुश्मन पोषित करते हैं। इनमें कोई सच्चाई नहीं है।"

"मैं अपना 'डिशीषान' (डिसीजन) नहीं बदलेगा। फौरन थार्टी पार्शेंट (थर्टी पर्सेंट) अपना फौज को जम्मू-कश्मीर से विदड्रा (हटाइए) कीजिए। 'इट इज कॉश्टिंग (कॉस्टिंग) टू माच (मच) (यह बहुत खर्चीला है)। आई हैब (हैव) टू फीक्स (फिक्स) दि इकोनॉमी बिज (विच) वॉस ब्रोकेन बाई दैट मैन मेहता (मुझे इकोनॉमी को पटरी पर लाना है, जिसे उस आदमी मेहता ने तहस-नहस कर दिया है।)

मैं अपना 'डिशीषान' (डिसीजन) नहीं बदलेगा। फौरन थार्टी पार्शेंट (थर्टी पर्सेंट) अपना फौज को जम्मू-कश्मीर से विदड्रा (हटाइए) कीजिए। 'इट इज कॉश्टिंग (कॉस्टिंग) टू माच (मच) (यह बहुत खर्चीला है)। आई हैब (हैव) टू फीक्स (फिक्स) दि इकोनॉमी बिज (विच) वॉस ब्रोकेन बाई दैट मैन मेहता (मुझे इकोनॉमी को पटरी पर लाना है, जिसे उस आदमी मेहता ने तहस-नहस कर दिया है।)

"वांस (वंस) दीज सोल्जार्स (सोल्जर्स) कम बैक दे कैन हेल्प बिल्ड रोड्स एंड भेल्स (वेल्स) फॉर पुअर पीपल्स (पीपल) इन द भिलेजेस (विलेजेस) स्पेशली फॉर द माइनियोरिटी पीपल्स (पीपल)। (एक बार ये सैनिक वापस आ जाते हैं तो ये सड़कों के निर्माण और गरीबों, विशेष रूप से अल्पसंख्यकों, के लिए कुएँ खोदने के काम में मदद कर सकते हैं।)"

"ठीक है, मैडम! जैसा आप चाहें।"

उनसे बहस करने से कोई फायदा नहीं। उन्हें कुछ दूसरा सोचना होगा। वे अपने सैनिकों को कुएँ खोदने में नहीं लगाएँगे। उन्होंने इस काम के लिए सेना में भरती नहीं ली है।

जम्मू व कश्मीर में 2,10,000 भारतीय सशस्त्र सैनिकों के अलावा सी.आर.पी.एफ. सहित बॉर्डर सिक्योरिटी फोर्स तथा इंडो-तिब्बत बॉर्डर पुलिस के लगभग 1,58,000 जवान लगे हुए हैं। इन सबको मिलाकर राज्य में केंद्रीय सैनिकों का योग लगभग 3,68,000 हो जाता है। इसके अतिरिक्त जम्मू-कश्मीर पुलिस, जम्मू-कश्मीर आर्म्ड पुलिस, स्पेशल ऑफिसर्स (एस.पी.ओ.) तथा इंटेलिजेंस एजेंसियों के कर्मचारियों की संख्या लगभग 1,30,000 है। ये 4,98,000 पुरुष एवं स्त्री कर्मचारी राज्य की लगभग 14 लाख 60 हजार की अनुमानित आबादी के जीवन की रक्षा करते हैं।

"स्टॉप यूजिंग ऑवर कॉस्टली भेपंस (वेपंस) टू रिप्लाई टू पाकिस्तान क्रॉश (क्रॉस) बॉर्डर फायरेंग (फायरिंग)। लेट देम भेस्ट (वेस्ट) देयर मनी। फ्रॉम टुडे, बिफोर टेकिंग एनी शार्ट (सार्ट) ऑफ ऐक्शन, यू मास्ट (मस्ट) टेक माई परमिशन।" (पाकिस्तान की सीमा पार की फायरिंग के जवाब में हमारे कीमती शस्त्रों का इस्तेमाल फौरन बंद करें।

"एक और बात है।" प्रधानमंत्री ने कहा।

"स्टॉप यूजिंग ऑवर कॉस्टली भेपंस (वेपंस) टू रिप्लाई टू पाकिस्तान क्रॉश (क्रॉस) बॉर्डर फायरेंग (फायरिंग)। लेट देम भेस्ट (वेस्ट) देयर मनी। फ्रॉम टुडे, बिफोर टेकिंग एनी शार्ट (सार्ट) ऑफ ऐक्शन, यू मास्ट (मस्ट) टेक माई परमिशन।" (पाकिस्तान की सीमा पार की फायरिंग के जवाब में हमारे कीमती शस्त्रों का इस्तेमाल फौरन बंद करें। उन्हें पैसा बरबाद करने दें। आज के बाद से कोई भी कदम उठाने से पहले आपको मुझसे आज्ञा लेनी पड़ेगी।)

जनरल सुखबीर सिंह तथा दो अन्य अधिकारी प्रधानमंत्री को जवाब दिए

बगैर कमरे से बाहर आ गए। उनके मुख की मुद्रा बताती थी कि वे बहुत ही व्याकुल और चिंताग्रस्त हैं।

भारतीय सेना प्रमुख को इस प्रकार की राजनीति को क्यों सहना पड़ता है? एक राजनयिक क्या जाने कि सही सैनिक सामरिक परिस्थिति क्या होती है? हम पाकिस्तानी आर्मी जितने शक्तिशाली क्यों नहीं हैं?

प्रधानमंत्री का कमरा छोड़कर अपनी कार तक पहुँचने तक जनरल सिंह के दिमाग को इस प्रकार के अनेक विचार उथल-पुथल करते रहे। वे जानते थे कि उनके सहयोगियों के मस्तिष्कों में भी ऐसे ही विचार उठ रहे होंगे।

जनरल सुखबीर सिंह तथा दो अन्य अधिकारी प्रधानमंत्री को जवाब दिए बगैर कमरे से बाहर आ गए। उनके मुख की मुद्रा बताती थी कि वे बहुत ही व्याकुल और चिंताग्रस्त हैं। भारतीय सेना प्रमुख को इस प्रकार की राजनीति को क्यों सहना पड़ता है? एक राजनयिक क्या जाने कि सही सैनिक सामरिक परिस्थिति क्या होती है? हम पाकिस्तानी आर्मी जितने शक्तिशाली क्यों नहीं हैं?

इस मीटिंग के दो दिन बाद प्रधानमंत्री ने रॉ (RAW रिसर्च एंड एनालिसिस विंग) के सचिव रवि कौशिक को बुलाया। 'रॉ' अमेरिका की सी.आई.ए., इंग्लैंड की एम-16 (काल्पनिक चरित्र जेम्स बॉण्ड की नियोक्ता), चीन की एम.एस.एस., रूस की एस.वी.आर. तथा पाकिस्तान की आई.एस.आई. की जासूसी एजेंसियों की तरह भारत की जासूसी एजेंसी (विदेश इंटेलिजेंस एजेंसी) है। इस मीटिंग में राष्ट्रीय सुरक्षा सलाहकार (एन.एस.ए.) भी मौजूद थे।

"पाकिस्तान में आपके कितने जासूस हैं?" प्रधानमंत्री ने 'रॉ' प्रमुख से सवाल किया।

"मैडम, लगभग पचहत्तर।" कौशिक ने जवाब दिया।

"इतने सारे क्यों?"

"पाकिस्तान एक बड़ा देश है और हमारा प्रमुख शत्रु है।"

"पाकिस्तान अब ज्यादा देर तक शत्रु नहीं रहेगा। आई एम इन फेबार (फेवर) ऑफ फ्रेंडशिप 'नॉट फॉर फाइटिंग बिद नेबार्स' (नेबर्स)। ये विल नॉट नीड मोर देन फाइव टू सिक्स पीपुल्स (पीपल)। नाऊ ब्रिंग बैक दि रेश्ट (रेस्ट) ऑफ देम।" (मैं दोस्ती कायम करना चाहती हूँ। पड़ोसियों से लड़ाई नहीं चाहती। अब आपको वहाँ पाँच-छह से ज्यादा लोग रखने की जरूरत नहीं होगी। बाकी सबको वापस बुला लीजिए।)

'रॉ' के इतिहास में यह तीसरी बार था कि उसकी टाँगें और किसी ने नहीं, बल्कि भारत के प्रधानमंत्री ने काट दी थीं। सन् 1977 में प्रधानमंत्री मोरारजी देसाई ने 'रॉ' के बजट को 30 प्रतिशत काट दिया था और 'रॉ' के नेटवर्क को पाकिस्तान के मिलिटरी डिक्टेटर जनरल जिआ उल-हक के साथ साझा किया था।

"लेकिन…"

"भॉट (वॉट) इज लेकिन? आई एम प्राइम मिनिस्टर ना?" (लेकिन क्या? मैं प्रधानमंत्री हूँ, ठीक?)

"यस, मैडम।"

'रॉ' के इतिहास में यह तीसरी बार था कि उसकी टाँगें और किसी ने नहीं, बल्कि भारत के प्रधानमंत्री ने काट दी थीं। सन् 1977 में प्रधानमंत्री मोरारजी देसाई ने 'रॉ' के बजट को 30 प्रतिशत काट दिया था और 'रॉ' के नेटवर्क को पाकिस्तान के मिलिटरी डिक्टेटर जनरल जिआ उल-हक के साथ साझा किया था। सन् 1977 में प्रधानमंत्री आई.के. गुजराल ने पाकिस्तान में रॉ की गोपनीय काररवाइयों को बंद करवा दिया था और भारत के प्रमुख शत्रु से गोपनीय युद्ध में 'रॉ' ने अपने आपको असहाय व अयोग्य महसूस किया था।

ऐसा लगता है कि इतिहास प्रत्येक 25 वर्ष के अंतराल में अपने आपको दोहराता है।

कडक मेहता के पाँच वर्ष के प्रधानमंत्री के कार्यकाल में 'रॉ' की शक्तियों

में समय-समय पर इजाफा होता रहा और वह अपने दुश्मन पाकिस्तान की आई.एस.आई. की बढ़ती हुई घातक दौड़ में बराबरी करने लायक बनती जा रही थी। आई.एस.आई. की विशेषता यह थी कि उसके कामकाज में सरकार का हस्तक्षेप न के बराबर था।

कौशिक उदास नजरें लिये कमरे से बाहर निकले। वे सोच नहीं पा रहे थे कि क्या उन्हें इस्तीफा दे देना चाहिए। उस जासूस एजेंसी को चलाने का क्या फायदा, जो अपने सबसे दुश्मन की जासूसी न कर पाए!

कुछ किया जा सकता है? कौन मदद कर सकता है? इस कमजोर सरकार का मिनिस्टर तो हरगिज नहीं।

□

2

एक और गोर्की, प्लीज!

अक्तूबर 2019 की शुरुआत

छियालीस वर्षीय ब्रिगेडियर फारूक हुसैन रूस की राजधानी मॉस्को में इसलामिक रिपब्लिक ऑफ पाकिस्तान के दूतावास में डिफेंस अटैची था। यह तो केवल सरकारी पहचान थी। असल में, वह आई.एस.आई. के मॉस्को स्टेशन का चीफ था, अर्थात् रूस में टॉप पाकिस्तानी जासूस था।

यद्यपि उसके परिवार के नौ सदस्यों ने पाकिस्तानी सशस्त्र सेनाओं में सेवा की थी, पर वह पहला सदस्य था, जो सर्वोच्च मानी जानेवाली अतिशय रूप से शक्तिशाली आई.एस.आई. में प्रवेश कर पाया था। हुसैन अभिलाषी व्यक्ति था। उसके पास अभी तेरह वर्षों का सेवा-काल था। मॉस्को के बाद यदि उसे बीजिंग, दिल्ली या वॉशिंगटन या कम-से-कम इनमें से दो शहरों में पोस्टिंग मिल जाती है तो वह तेजी से आगे बढ़कर आई.एस.आई. चीफ की पोस्ट हथिया सकता है, जो उसके देश में हर लिहाज से दूसरा सबसे शक्तिशाली व्यक्ति होता है। लेकिन समय तेजी से निकला जा रहा था, क्योंकि आई.एस.आई. 50-52 से ज्यादा उम्र वाले अधिकारियों की पोस्टिंग विदेशों में नहीं करता।

छह फीट एक इंच ऊँचा अधिकारी, सिर पर काले छोटे बालों का गुच्छा, उलटा त्रिभुजाकार मुखड़ा, चौड़े माथे के नीचे झाँकती काली-भूरी आँखें और छोटे गालों के नीचे नाजुक नुकीली ठोड़ी—हुसैन की शख्सियत बराक ओबामा और गोस्लिंग के बीच में टँगे 'क्रॉस' के मानिंद लगती थी।

लिहाजा हर उम्र और हर मुल्क की औरत उसे देखकर गश खा जाती थी।

ब्रिगेडियर ने कभी शादी नहीं की थी। उनतीस साल तक वह कुँआरा बना रहा, क्योंकि तब तक उसका तबादला जगह-जगह होता रहा था। पहली बार आई.एस.आई. में घुसा तो भी कोई तब्दीली नहीं हुई, क्योंकि वह अपने पीछे विधवा या यतीम छोड़ना नहीं चाहता था। अविवाहित होने का लाभ यह था कि सब तरह की औरतों, विशेष रूप से गोरी औरतों, से आसानी से दोस्ती हो सकती थी।

रूस में आई.एस.आई. के मुखिया के रूप में हुसैन की प्रमुख जिम्मेदारी 'फेदेरलन्या स्लूज्भा बेजोपसनोस्ती रोस्कोय फेदेरत्सी' यानी 'फेडरल सिक्योरिटी सर्विस ऑफ द रशियन फेडरेशन' (एफ.एस.बी.) (रूसी फेडरेशन सुरक्षा सर्विस) के भीतर के जासूसों को नियुक्त करना था। रूस की यह सुरक्षा सर्विस बीते युग के सोवियत रूस की अत्यंत सफल जासूस एजेंसी (के.जी.बी.) की उत्तराधिकारी थी।

रूस में आई.एस.आई. के मुखिया के रूप में हुसैन की प्रमुख जिम्मेदारी 'फेदेरलन्या स्लूज्भा बेजोपसनोस्ती रोस्कोय फेदेरत्सी' यानी 'फेडरल सिक्योरिटी सर्विस ऑफ द रशियन फेडरेशन' (एफ.एस.बी.) (रूसी फेडरेशन सुरक्षा सर्विस) के भीतर के जासूसों को नियुक्त करना था। रूस की यह सुरक्षा सर्विस बीते युग के सोवियत रूस की अत्यंत सफल जासूस एजेंसी (के.जी.बी.) की उत्तराधिकारी थी।

यद्यपि रूस की विदेश इंटेलिजेंस सर्विस एस.वी.आर. (स्लूज्भा नेशने राज्वेदकी रोस्सीकोय फेदेरत्सी) थी, रूस में रहते हुए हुसैन का उससे कोई काम नहीं था। यह काम दुनिया में फैले आई.एस.आई. अधिकारियों का था, जिनमें पाकिस्तान में कार्यरत अधिकारी भी शामिल थे।

एक विदेशी जासूसी एजेंसी के जासूस को बहाल करना और उसे अपने ही देश के लिए 'डबल एजेंट' बनने के लिए तैयार करना आसान

काम नहीं है। इसके लिए खतरे से खेलने के लिए जिगर चाहिए। खतरों से खेलने का अनुभव व दक्षता के साथ आकर्षण का जादू भी चाहिए और हुसैन अब तक कुछ ऐसे खतरनाक खेलों में कामयाब हो चुका था। दुबई और मस्कट की अपनी पोस्टिंग्स में उसने 'रॉ' एजेंटों को आई.एस.आई. के लिए 'डबल एजेंट' बनाया था। उनमें कुछ बहुत उपयोगी साबित हुए, जिसके परिणामस्वरूप उसे रूस में पोस्टिंग मिली, जो भारत का परम मित्र देश था। मॉस्को में भी एफ.एस.बी. एजेंटों के अलावा वह अपने शिकार के लिए हमेशा 'रॉ' के एजेंटों को तलाशता रहता था।

ब्रिगेडियर हुसैन पाकिस्तानी अफसरों की चहेती शराब 'ह्विस्की' के चार से पाँच पेग एक घंटे में आसानी से उड़ा जाता था और फिर भी संजीदा रहता था। लेकिन मॉस्को में अब उसे वोदका की आदत डालनी थी, क्योंकि रूस में शायद ही कोई ह्विस्की पीता हो।

ब्रिगेडियर हुसैन पाकिस्तानी अफसरों की चहेती शराब 'ह्विस्की' के चार से पाँच पेग एक घंटे में आसानी से उड़ा जाता था और फिर भी संजीदा रहता था। लेकिन मॉस्को में अब उसे वोदका की आदत डालनी थी, क्योंकि रूस में शायद ही कोई ह्विस्की पीता हो।

उसने उन 'बारों' के बारे में जानना शुरू किया, जिनके लिए उसके उत्तराधिकारियों ने सिफारिश की थी और जो जासूसों के, खासकर एफ.एस.बी. की महिला जासूसों के, 'रंदबू' थे, जहाँ वे खुद वही काम करती थीं, जो हुसैन उनके साथ करता था, अर्थात् उन्हें 'डबल एजेंट' में बदलना। एफ.एस.बी. सैकड़ों मन मोहनेवाली सुंदर औरतों को बहाल करता था, जो आसानी से विदेशी जासूसों को 'हनी ट्रैप' में फँसा लेती थीं। हुसैन दिल से यही चाहता था। उसने जिंदगी के लंबे सत्रह साल आई.एस.आई. में 'जाल में फँसे', 'वो काम कर दिखाया' में सफलता से गुजारे थे।

इन बारों में 'हुक्का हॉण्ट' भी था, जो 'एफ. लाउंज' के नाम से मशहूर था। इसके अलावा, सोवियत जमाने का 'रेस्त्रो स्टाइल रूमोछन्या बुखुख्त',

धीमे संगीतवाला 'पापा'ज बार एंड ग्रिल', अंग्रेजी बोलनेवाले वेटरों वाला 'टाइमलेस लाउंज एंड बार' और 'वर्मल क्लब', जो मस्कवा नदी के दक्षिण में स्थित है। नदी के उस पार उत्तर की ओर 30 हजार वर्ग गज में मॉस्को का क्रेमलिन कॉम्प्लेक्स है, जिसमें रूस के राष्ट्रपति के आवास तथा कार्यालय स्थित हैं।

शुक्रवार शाम को ब्रिगेडियर ऑफिस से जल्दी निकल गया। आज उसका मन था कि वह 'पापा'ज बार एंड ग्रिल' जाकर दो-चार 'ड्रिंक' के साथ हलका डिनर करे। दो मंजिलों वाला रेस्टो बार की अंदरूनी साज-सज्जा लाल ईंटों से निर्मित केफ जैसी थी, जिसे टी.वी. स्क्रीनों और कलाकृतियों के बीच बखूबी बाँटा गया था।

इन बारों में 'हुक्का हॉण्ट' भी था, जो 'एफ. लाउंज' के नाम से मशहूर था। इसके अलावा, सोवियत जमाने का 'रेस्त्रो स्टाइल रूमोछन्या बुखुख्त', धीमे संगीतवाला 'पापा'ज बार एंड ग्रिल', अंग्रेजी बोलनेवाले वेटरों वाला 'टाइमलेस लाउंज एंड बार' और 'वर्मल क्लब', जो मस्कवा नदी के दक्षिण में स्थित है।

उसका सीलिंग चमकदार क्रोमियम मिश्रित धातु से बना घूमता हुआ कोलाज था, जो अपनी धनुषाकार छवि में डिस्को के लाल और जामुनी प्रकाश के साथ-साथ बार के पीछे से फोकस की गई हरी व नीली रोशनी में अद्भुत समाँ बाँधता था। अर्ध-गोलाकार ऊपरी मंजिल में डी.जे. अपना काम करता था। ग्राउंड लेवल में भी फ्लोरेसेंट प्रकाश था। पापा'ज बार में डी.जे. के साथ लाइव म्यूजिक की व्यवस्था थी। यहाँ अनेक स्क्रीनों में प्रमुख स्थानीय व अंतरराष्ट्रीय खेलों का लाइव कवरेज होता था।

हुसैन ने बार में प्रवेश करके कोर्ट पोल पर अपनी जालीदार बिनी और वाटरप्रूफ विंटर कोट को टाँक दिया। अंदर उसने गहरे स्लेटी रंग का टू पीस सूट पहना था, जिसकी सिलाई उसके शहर कराची के एक सस्ते दर्जी ने की थी। ऑफिशियल समारोह के सिवाय उसे मिलिटरी यूनिफॉर्म पहनने की

जरूरत नहीं थी। वह बार काउंटर पर खाली बार स्टूल ढूँढ़ ही रहा था कि वह दिखाई दे गई।

छत्तीस वर्षीय कात्या पेट्रोव एफ.एस.बी. में नौ वर्षों से अधिकारी थी। वह गहरे सुनहरे रंग की गौरवर्णा सुंदरी थी, जो अपनी नीम ठंडी हरी आँखों, भरे-पूरे गालों और लबरेज होंठों से किसी भी आगंतुक के लिए आकर्षण का केंद्र बन जाती थी। उसके सौंदर्य को बढ़ाने में उसकी लंबी व छरहरी टाँगें और गजब के भरे-पूरे नितंब थे, जिन्हें छिपाने के लिए वह जरा भी कोशिश नहीं करती थी और मॉस्को के बर्फीले मौसम में भी वह 'लो-कट' मिनी ड्रेस पहना करती थी। रूसी औरतें सारी बहसों के बाद दुनिया की सबसे खूबसूरत मानी जाती हैं और कात्या निश्चित तौर पर आदमियों की इस बहस में फुल स्टॉप लगा सकती थी।

छत्तीस वर्षीय कात्या पेट्रोव एफ.एस.बी. में नौ वर्षों से अधिकारी थी। वह गहरे सुनहरे रंग की गौरवर्णा सुंदरी थी, जो अपनी नीम ठंडी हरी आँखों, भरे-पूरे गालों और लबरेज होंठों से किसी भी आगंतुक के लिए आकर्षण का केंद्र बन जाती थी। उसके सौंदर्य को बढ़ाने में उसकी लंबी व छरहरी टाँगें और गजब के भरे-पूरे नितंब थे, जिन्हें छिपाने के लिए वह जरा भी कोशिश नहीं करती थी"

कात्या ने एफ.एस.बी. इसलिए जॉइन किया था, क्योंकि वह उसे अच्छी तनख्वाह देती है और पूरी दुनिया में घूमने का अवसर देती है। उसके लिए पैसा बहुत महत्त्वपूर्ण था, क्योंकि वह अपनी तलाकशुदा माँ का खर्चा वहन करती है। वह खुद भी अच्छे कपड़े पहनना पसंद करती है और अच्छी जिंदगी बसर करना चाहती है। हालाँकि एस.वी.आर. रूस की विदेश इंटेलिजेंस एजेंसी है और उसके पूर्व के.जी.बी. अधिकारी देश के राष्ट्रपति हैं, फिर भी वे एफ.एस.बी. का भरपूर समर्थन करते हैं, जिसके परिणामस्वरूप चौदह देशों में एफ.एस.बी. के एजेंट हैं।

मध्य नवंबर 2019

अगले कुछ हफ्तों में हुसैन ने मन-ही-मन नोट किया कि रूसी कन्या अकसर 'पापा'ज बार एंड ग्रिल' में भी देखी गई है। वह ज्यादातर शनिवार की रातों को और कभी-कभी दूसरी रातों को भी वहाँ जाती है।

पापा'ज बार मॉस्को के बीच में ऐतिहासिक स्ट्रीट 'निकोलसक्या यूलिट्ज़ा' पर स्थित है, जो लुब्यंका मेट्रो स्टेशन से दो मिनट का रास्ता है। मॉस्को के प्रसिद्ध रेड स्क्वायर से 10 मिनट और एफ.एस.बी. के ऐतिहासिक हेडक्वार्टर से 18 से 20 मिनट ड्राइव का रास्ता है, जहाँ वह 121 वर्ष पुरानी लुब्यंका बिल्डिंग में स्थित है।

पापा'ज बार मॉस्को के बीच में ऐतिहासिक स्ट्रीट 'निकोलसक्या यूलिट्ज़ा' पर स्थित है, जो लुब्यंका मेट्रो स्टेशन से दो मिनट का रास्ता है। मॉस्को के प्रसिद्ध रेड स्क्वायर से 10 मिनट और एफ.एस.बी. के ऐतिहासिक हेडक्वार्टर से 18 से 20 मिनट ड्राइव का रास्ता है, जहाँ वह 121 वर्ष पुरानी लुब्यंका बिल्डिंग में स्थित है।

यह बार विदेशियों सहित दुनिया भर के जासूसों का मनपसंद अड्डा था। शायद यही वजह थी कि यह बार कात्या का भी पसंदीदा कर्मस्थल था, यदि वाकई वह अपने को एफ.एस.बी. की समर्पित एजेंट मानती है। क्या वास्तव में उसे वह जगह पसंद थी या क्या उसकी तरह वह भी अपना शिकार ढूँढ़ रही थी?

यह खबर कि वह अन्य लोगों की तरह बार में केवल मन बहलाने आती है, यह सिर्फ खबर थी, जबकि सच्चाई यह थी कि वह एक सधी हुई चाल से उन्हें नाप-तौलकर शीशे में उतारने आती थी? और जहाँ तक स्थानीय पियक्कड़ों का प्रश्न था, वह उन्हें घास नहीं डालती थी। यह सब देखकर हुसैन को लगा कि वह सही शिकार है।

वह अपने काम की बेहतरीन तरकीबें जाने बगैर यूँ ही एक सफल जासूस थोड़े ही बन गया था!

अब हुसैन 'पापा'ज बार' का नियमित सदस्य बन गया और कोशिश

करता रहा कि उस तक पहुँचने से पहले वह उसे चार से पाँच बार देख चुकी हो। यह उसका निश्चित करने का तरीका था कि वह यह न समझे कि वह किसी खास प्रयोजन से उसका पीछा कर रहा है।

इस शनिवार की शाम वह 'बंदयू' ड्रेस पहने हुए थी, जिसके साइड में कट लगे हुए थे। उस ड्रेस में वह गजब की खूबसूरत लग रही थी। हुसैन उसे देखे बगैर नहीं रह सका और मन-ही-मन तय करने लगा कि आज ही वह दिन है।

"हेलो मि. हुसैन! हाँ, मैं मॉस्को की हूँ और आप जैसे खूबसूरत व्यक्ति से मिलकर अच्छा लगा। आप कहाँ के हैं?"
वह उम्मीद कर रही थी कि वह इंडिया कहेगा, लेकिन नाम और बोली से लगा कि वह पाकिस्तानी है।

आज छुट्टी होने की वजह से वह हरे रंग की शर्ट और काले रंग की जींस पहने हुए था। वह बार की भीड़ में से गुजरता हुआ उस तक पहुँचा और एक क्षण रुककर उसने अपना परिचय दिया।

"हेलो, मैं फारूक हुसैन। इस शहर में नया हूँ, अगर आप मॉस्को की हैं?"

"हेलो मि. हुसैन! हाँ, मैं मॉस्को की हूँ और आप जैसे खूबसूरत व्यक्ति से मिलकर अच्छा लगा। आप कहाँ के हैं?"

वह उम्मीद कर रही थी कि वह इंडिया कहेगा, लेकिन नाम और बोली से लगा कि वह पाकिस्तानी है।

"मैं पाकिस्तान का रहनेवाला हूँ। क्या मैं आपके लिए ड्रिंक मँगाने की गुस्ताखी कर सकता हूँ?"

"क्यों नहीं? इसके लिए शुक्रिया।"

"आपका जहर क्या हो सकता है, शायद वोदका?"

"मैं एक गोर्की लूँगी, शुक्रिया।"

"मुझे अफसोस है, मैं यह ड्रिंक नहीं जानता।"

"यह एक कॉकटेल है, जिसमें खोरतित्सा प्लेटिनम वोदका, कॉयन ट्रू, बेनडिक्टाइन और दूध की कुछ बूँदें मिलाई जाती हैं।"

"तो क्या रूस में हरेक कॉकटेल में वोदका का होना जरूरी है ?"

"हाँ, ज्यादातर लोगों को शायद यही पसंद है। पर मैं 'शैंपेन' भी लेती हूँ और शैंपेन से बने कॉकटेल भी; लेकिन वह अकसर गरमी में।"

"मॉस्को में गरमी होती है ?"

उसने बताया कि जून, जुलाई और अगस्त में गरमी पड़ती है। हुसैन सोच रहा था कि मॉस्को की गरमी कैसी होगी, क्योंकि उसकी पोस्टिंग यहाँ सितंबर में हुई है और सर्दी अपनी बुलंदी पर थी।

"पर खूबसूरत महिला, मैं अब तक आपका नाम नहीं जान पाया।"

"मैं कात्या पेट्रोव हूँ।" और यह कहकर उसने अपना हाथ बढ़ा दिया। मिलाने के स्थान पर उसने झुककर उसकी कोमल हथेली को पीछे से चूम लिया।

"आप निहायत ही शाइस्ता किस्म के इनसान हैं। क्या आप जानते हैं कि रूसी औरतें ऐसे मर्दों को पसंद करती हैं ?"

"शुक्रिया! आज की रात आपसे इतनी तारीफें सुनकर मैं फूला नहीं समा रहा हूँ। कात्या, आप करती क्या हैं ? आप इतनी अच्छी अंग्रेजी कैसे बोल लेती हैं ?"

"मैं विदेश मंत्रालय में काम करती हूँ और पाँच भाषाएँ बोल सकती हूँ। असल में, इसी वजह से मुझे नौकरी मिली है। वो क्या कहते हैं… 'लिंग्विस्टिक स्किल्स' (भाषाओं में दक्षता)!"

"तो विदेश मंत्रालय में क्या कोई खास भूमिका ?"

कात्या पहली मुलाकात में यह सब बताना नहीं चाहती थी। "चलिए, एक-एक गोर्की और हो जाए!"

"मैं विदेश मंत्रालय में काम करती हूँ और पाँच भाषाएँ बोल सकती हूँ। असल में, इसी वजह से मुझे नौकरी मिली है। वो क्या कहते हैं… 'लिंग्विस्टिक स्किल्स' (भाषाओं में दक्षता) !"

"तो विदेश मंत्रालय में क्या कोई खास भूमिका ?"

कात्या पहली मुलाकात में यह सब बताना नहीं चाहती थी। "चलिए,

एक-एक गोर्की और हो जाए!"

उसके बाद उन्होंने विभिन्न विषयों पर चर्चा करते हुए दो गोर्की और लीं। चर्चा के विषय मॉस्को में देखने लायक कौन-कौन सी जगहें हैं, दूसरे कौन-कौन से बार और रेस्त्राँ से लेकर उन जगहों को, जिन्हें हुसैन ने अब तक देख लिया है और साल के महीनों में कराची व मॉस्को के मौसम की तुलना के अलावा अन्य छोटी बातें शामिल थीं।

तीन गोर्की और लंबी बातचीत के बाद दोनों ने, जैसाकि अकसर होता है, 'वन फॉर द रोड' (एक सड़क के लिए) कहकर एक 'गोर्की' और ली और जाने के लिए उठ खड़े हुए। जाने से पहले फिर मिलने के वादे के बाद दोनों बार से अलग-अलग निकले। 'यह केवल आकर्षक ही नहीं है, बातों में भी पारंगत है।'

जैसे ही हुसैन बार से निकला, उसे लगा कि दो रूसी उसका पीछा कर रहे हैं। अपनी जासूसी तरकीबों से उसने उनसे पीछा छुड़ाया और अपने रास्ते निकल गया।

□

3

प्राकृतिक दृश्य वाला कमरा

नवंबर 2019 के अंतिम दिन

छप्पन वर्षीय इमरान-उल-हक पाकिस्तान के विदेश मंत्रालय में 'चाइना एंड फॉर ईस्ट' (चीन तथा सुदूर पूर्वी देश) का विशेष सचिव था। वह पिछले लगभग तीन वर्षों से इस पद पर था और विदेश सचिव का पद पाने के लिए उत्सुकता से इंतजार कर रहा था। वर्तमान सचिव की उम्र इकसठ वर्ष थी और जल्द ही वह रिटायर होने जा रहा था। पाकिस्तानी विदेश सचिव का पद अब 'टॉप' का नहीं रह गया था, क्योंकि नई सरकार, जिसने अगस्त 2018 में देश का जिम्मा लिया था, ने विदेश मंत्रालय में पार्लियामेंटरी सेक्रेटरी का एक नया पद गठित कर दिया था, जो विदेश सचिव के ऊपर था।

इससे पूर्व हक शंघाई में पाकिस्तान के कॉन्सुलेट जनरल के दफ्तर में डिप्टी काउंसिल जनरल था और उससे पहले उसने बीजिंग में पाकिस्तानी दूतावास में फर्स्ट सेक्रेटरी के पद पर भी काम किया था। इन पदों पर काम करने के बाद हक पाकिस्तान में चीन का सबसे बड़ा 'चाइना एक्सपर्ट' माना जाता था। चीन चूँकि दुनिया के शक्तिशाली देशों में एक ही देश था, जो अधिकांश मामलों में, खासकर भारत-पाक मामलों में, पाकिस्तान का समर्थन करता था, इसलिए पाकिस्तान की विदेश नीति में हक की स्थिति बहुत महत्त्वपूर्ण हो गई थी।

हक देश-प्रेमी था और अपने देश के लिए कुछ भी कर सकता था। उसका छोटा भाई सन् 1999 में हुए पाक-भारत के कारगिल युद्ध में मारा

गया था, इसलिए वह भारत से नफरत करता था। भारत के प्रधानमंत्री मेहता के नेतृत्व में भारत ने जो कूटनीति में तरक्की की थी, उससे वह नाराज था और अब चूँकि भारत में एक पक्की धर्मनिरपेक्ष महिला की सरकार बन गई थी, इसलिए उसके मन में खुशी थी। उसे विश्वास था, जब तक यह महिला भारत की प्रधानमंत्री बनी रहती है, तब तक पाकिस्तान दुनिया की कूटनीति में अपना वर्चस्व स्थापित कर लेगा।

हक 5 फीट 9 इंच ऊँचा, अपने सफेद व काले मिश्रित बालों, गहरी भूरी आँखों और भरे गालोंवाले चौकोर मुखड़े में एक खूबसूरत अनुभवी कूटनीतिज्ञ की शख्सियत से महिलाओं को आसानी से प्रभावित कर लेता था। उसे लगता भी था कि उससे कम उम्रवाली महिलाएँ, खासतौर पर जब वह विदेश में होता था, उसे घूरा करती हैं। कम-से-कम वह यही सोचता था।

बत्तीस साल पहले उसकी शादी धार्मिक रूप से एक कट्टर औरत से हुई थी और पिछले लगभग दस वर्षों से जहाँ तक उनमें जिस्मानी रिश्ते का सवाल था, वह न के बराबर रह गया था। चार वर्षों के उसके चीनी प्रवास के दौरान पाँच महीनों में ही उसकी बीवी चीन छोड़कर वापस आ गई थी, क्योंकि उसको वह वातावरण रास नहीं आया था, जो उसके अपने देश से बहुत ही जुदा था।

बत्तीस साल पहले उसकी शादी धार्मिक रूप से एक कट्टर औरत से हुई थी और पिछले लगभग दस वर्षों से जहाँ तक उनमें जिस्मानी रिश्ते का सवाल था, वह न के बराबर रह गया था। चार वर्षों के उसके चीनी प्रवास के दौरान पाँच महीनों में ही उसकी बीवी चीन छोड़कर वापस आ गई थी, क्योंकि उसको वह वातावरण रास नहीं आया था, जो उसके अपने देश से बहुत ही जुदा था। बीवी के चले जाने से उसे सभी उम्रों वाली देशी-विदेशी औरतों से दोस्ती करने की छूट मिल गई और साढ़े तीन बरस उसने खूब मौज-मस्ती में गुजारे थे।

बीजिंग और शंघाई में उसका सभी उम्रों वाली हर आकार, आकृति और माप वाली चीनी औरतों से पाला पड़ा था; लेकिन उसने पाया कि पूर्वी देशों की, खासतौर पर छोटे स्तनों और छोटी आँखोंवाली, स्त्रियाँ उसे आकर्षित नहीं कर पाती थीं; जबकि उसकी पसंद भरे-पूरे स्तनों और बड़ी-बड़ी आँखोंवाली यूरोपियन औरतें थीं। दुनिया के दो सबसे बड़े शहरों में डिप्लोमेट के रूप में उसे अनेक ऐसी आकर्षक महिलाएँ मिली थीं। वह अकसर अपने दोस्तों और सहयोगियों से मजाक में कहा करता था कि उसे चीनी नीबुओं से ज्यादा यूरोपियन खरबूजे पसंद हैं।

इस्लामाबाद में 'सेरेना होटल' पाकिस्तानी राजधानी के केवल दो फाइव स्टार होटलों में से एक था। सरकारी समारोह अधिकतर इसी होटल में हुआ करते थे, क्योंकि दूसरा इस्लामाबाद मैरियट होटल लक्जरी होटल नहीं था।

अंग्रेजी के 'L' अक्षर के आकार वाला यह सात मंजिला होटल सफेद रंग का था, जिसकी पाँचवीं व छठी मंजिलों में गहरे कत्थई रंग की बालकनी दूर से नजर आती थी। सातवीं और आठवीं मंजिलों में आठ प्रेसीडेंशियल सूट और फर्नीचर से सजे ओपन एयर टैरेस थे। विशाल तीन मंजिला पोर्टिको की छत पर स्विमिंग पूल था।

अंग्रेजी के 'L' अक्षर के आकार वाला यह सात मंजिला होटल सफेद रंग का था, जिसकी पाँचवीं व छठी मंजिलों में गहरे कत्थई रंग की बालकनी दूर से नजर आती थी। सातवीं और आठवीं मंजिलों में आठ प्रेसीडेंशियल सूट और फर्नीचर से सजे ओपन एयर टैरेस थे। विशाल तीन मंजिला पोर्टिको की छत पर स्विमिंग पूल था।

पाकिस्तान का विदेश मंत्रालय चीन से आए व्यापारिक प्रतिनिधिमंडल के सम्मान में होटल के शानदार बैंक्वेट हॉल में दावत दे रहा था।

पाकिस्तान चूँकि शराबबंदीवाला देश था, इसलिए कुछ ही प्रतिष्ठान थे, जहाँ शराब मिलती थी। इनमें लाहौर, कराची, इस्लामाबाद और रावलपिंडी के बड़े होटलों के कुछ अंडरग्राउंड क्लब या रेस्त्राँ शामिल थे। बहरहाल, विदेश

मंत्रालय की बैंक्वेट दावतों और पार्टियों में शराब आमतौर पर पिलाई जाती थी, लेकिन यह छूट केवल विदेशी मेहमानों के लिए थी।

इस औपचारिक समारोह में हक ने नेवी ब्लू सूट के साथ सुर्ख लाल रंग की टाई लगाई थी। उसे मालूम था कि चीन में लाल रंग पसंद किया जाता है।

उसके पहुँचने के कुछ ही मिनटों बाद चीनी राजदूत ने, जिसे हक खूब अच्छे से जानता था, अपने स्टाफ के नए सदस्यों से मुलाकात कराई।

इस औपचारिक समारोह में हक ने नेवी ब्लू सूट के साथ सुर्ख लाल रंग की टाई लगाई थी। उसे मालूम था कि चीन में लाल रंग पसंद किया जाता है। उसके पहुँचने के कुछ ही मिनटों बाद चीनी राजदूत ने, जिसे हक खूब अच्छे से जानता था, अपने स्टाफ के नए सदस्यों से मुलाकात कराई।

वांग ली ने पिछले हफ्ते ही चीनी दूतावास में मिनिस्टर के रूप में 'ज्वाइन' किया था। यद्यपि वांग ली की पसंद पाकिस्तान में पोस्टिंग नहीं थी, चीन के विदेश मंत्री ने व्यक्तिगत रूप से उससे पाकिस्तान जाने को कहा था, क्योंकि चीन के लिए 65 अरब डॉलर का 'चीन-पाकिस्तान इकोनॉमिक कॉरिडोर' बहुत ही महत्त्वपूर्ण था, जो चीन का अब तक का सबसे बड़ी लागतवाला इन्वेस्टमेंट प्रोजेक्ट तथा 'रोड एंड बेल्ट इनीशिएटिव' था।

ली की पैदाइश एक निम्न स्तर के रिटायर्ड फैक्टरी मजदूर के परिवार की थी। वह परिवार की अकेली कमानेवाली लड़की थी। उसके माता-पिता की इतनी आमदनी नहीं थी कि वे उसकी बीमार बूढ़ी दादी का खर्च वहन कर सकें। इसलिए उसे अपनी आय का एक-तिहाई वेतन घर भेजना पड़ता था। पिछली शादी से उसकी एक संतान भी थी, जो उसके पूर्व पति के साथ अमेरिका में रह रही थी। उसके लिए भी उसे पैसा भेजना पड़ता था। इन सब खर्चों के बाद उसके पास कुछ बचता नहीं था। उसे मालूम था कि उसकी यह पोस्टिंग उसके भविष्य के लिए बेहतरीन मौका था। फिर भी, पहले ही दिन उसे इस देश से, विशेष रूप से, यहाँ के लंपट पुरुषों से नफरत हो गई थी।

उसकी उम्र चौवालीस बरस थी, लेकिन वह चौंतीस वर्ष से ज्यादा की नहीं लगती थी। वह उन चीनी औरतों में नहीं थी, जिनसे इमरान-उल-हक की पहले कभी मुलाकात हुई हो या उसने कभी देखा हो। कद में वह 5 फीट 8 इंच, यानी लगभग उसके बराबर थी और इस शाम को उसने पीछे से उघड़ा हुआ बैकलेस ब्लैक हॉल्टर पैंटसूट पहना था। अपने गँदले श्वेत बालों, नीली व भूरी बड़ी-बड़ी आँखों और सधे गालों में वह बेहद आकर्षक लग रही थी।

उसकी उम्र चौवालीस बरस थी, लेकिन वह चौंतीस वर्ष से ज्यादा की नहीं लगती थी। वह उन चीनी औरतों में नहीं थी, जिनसे इमरान-उल-हक की पहले कभी मुलाकात हुई हो या उसने कभी देखा हो। कद में वह 5 फीट 8 इंच, यानी लगभग उसके बराबर थी और इस शाम को उसने पीछे से उघड़ा हुआ बैकलेस ब्लैक हॉल्टर पैंटसूट पहना था। अपने गँदले श्वेत बालों, नीली व भूरी बड़ी-बड़ी आँखों और सधे गालों में वह बेहद आकर्षक लग रही थी।

हक को ताज्जुब हो रहा था कि बड़ी-बड़ी आँखोंवाली यह खूबसूरत औरत क्यों एक डिप्लोमेट की नौकरी कर रही थी? और इस पर तुर्रा यह कि उसे किस आधार पर चीनी माना जाए? उसने कई चीनी औरतों को देखा है, लेकिन उस जैसी कभी नहीं देखी।

"हाय! मैं वांग ली हूँ। मेरी भाषा में इसका मतलब 'खूबसूरत' होता है। क्या आप मुझे एक ड्रिंक ला देंगे? हमें बहुत सारी बातें करनी हैं।" उसने हक की आँखों में देखते हुए कहा, "आखिर आपको और मुझे एक-दूसरे से बहुत लेन-देन करना है।"

"या···यस! मैं आपसे बहुत कुछ लेना-देना चाहूँगा। अर्र···यानी···बात यह है कि हमें बहुत कुछ लेना-देना है।" जोश में वह लड़खड़ा गया, "आप ड्रिंक में क्या लेना पसंद करेंगी?"

उसने बड़े जतन से अपनी हँसी को रोका और बोली, "स्कॉच नीट (स्कॉच, मिलावट नहीं)।"

वाह! उसे वे महिलाएँ पसंद थीं, जो स्कॉच पीती हैं। दोनों ने पीना शुरू किया और जल्दी ही नशे में आ गए। वह भी यह चाहता था। स्कॉच के साथ मदहोश औरतें।

जब वह दोनों के लिए ड्रिंक लेकर आया तो हक ने देखा कि ली बैंक्वेट हॉल के एक कोने में बैठी है।

"मैंने देखा, जब राजदूत हमारा परिचय करा रहे थे, तब आप मुझे देख रहे थे। क्या आपको कुछ पसंद आया?"

"नहीं-नहीं, बात यह है कि मैं चीन में चार बरस था और बाद में दर्जनों बार चीन जा भी चुका हूँ; लेकिन मैंने आप जैसी महिला नहीं देखी।"

शराब की चुस्की लेते हुए उसने शरारती मुसकान के साथ कहा, "आप क्या मेरे उरोजों के आकार के बारे में बात कर रहे हैं?"

"नहीं-नहीं··· मैं आमतौर पर बात कर रहा था।"

बात करते हुए उसका मुँह स्कूली छात्र की तरह झेंपते हुए सुर्ख हो गया।

"मैं आधी चीनी हूँ। मेरी माँ स्वीडन की हैं। मेरे पिता भी मेरी तरह डिप्लोमेट थे। उनकी पोस्टिंग स्टॉकहोम में थी, जहाँ उन्हें मेरी माँ मिली और दोनों में प्यार हो गया।"

"हाँ···तो मैं गलत नहीं था।"

"नहीं-नहीं··· मैं आमतौर पर बात कर रहा था।"
बात करते हुए उसका मुँह स्कूली छात्र की तरह झेंपते हुए सुर्ख हो गया।
"मैं आधी चीनी हूँ। मेरी माँ स्वीडन की हैं। मेरे पिता भी मेरी तरह डिप्लोमेट थे। उनकी पोस्टिंग स्टॉकहोम में थी, जहाँ उन्हें मेरी माँ मिली और दोनों में प्यार हो गया।"
"हाँ···तो मैं गलत नहीं था।"

"मेरे उरोजों के बारे में?" अगर वे दोनों अकेले होते तो वह उसे पकड़कर अपने आगोश में ले लेता। शायद जल्दी ही इसका मौका मिल

जाए? प्रश्न का जवाब दिए बिना उसने पूछा, "यह कैसे संभव हुआ कि इतनी कम उम्र में कोई दूतावास में मिनिस्टर बन जाए? क्या इसमें पूर्व डिप्लोमेट होने के नाते आपके पिता की सिफारिश थी?"

"हम्म्...यह तो कुछ बेहूदा जैसी बात हो गई, है न?"

"माफ कीजिए। अब बात यह है कि हम पाकिस्तानियों की बेहूदगी है कि जो भी मुँह में आता है, बक देते हैं। रूगुओवो माओफेनले नी, वो जेन दे हेन बाओकियाँ। (माफ कीजिए, मुझे खेद है कि मैंने आपका अपमान किया।)"

"ओ नी शुओ पुतोंगुआ हेन हाओ (ओह! आप तो बहुत अच्छी मैंडेरिन बोल लेते हैं।) मि. हक मुँह से शूट करने के अलावा और कहाँ से 'शूट' कर सकते हैं?"

"कृपा करके मुझे माफ कर दीजिए।"

"मैं तो मजाक कर रही थी। अच्छा, चलिए, यह बताइए कि आपके हिसाब से मेरी उम्र क्या होगी?"

"चौंतीस या पैंतीस...इससे ज्यादा नहीं।"

"यह जानकर मुझे खुशी हुई; लेकिन मि. हक, मेरी उम्र चौवालीस बरस है और मैंने इन तमाम सालों की कठिन मेहनत के बाद यह ओहदा प्राप्त किया है।"

"ओह! तो यह बात है और मि. ली कहाँ होंगे?"

"यह आप क्यों जानना चाहते हैं?"

"यह जानकर मुझे खुशी हुई; लेकिन मि. हक, मेरी उम्र चौवालीस बरस है और मैंने इन तमाम सालों की कठिन मेहनत के बाद यह ओहदा प्राप्त किया है।"

"ओह! तो यह बात है और मि. ली कहाँ होंगे?"

"यह आप क्यों जानना चाहते हैं?"

"यूँ ही। बात यह है कि मुझे उत्सुकता थी।" वह जानना चाहता था कि उसे कितनी आसानी से हम-बिस्तर कर पाएगा।

"पति था, बहुत दिनों की बात है। पर अमेरिका भाग गया—आजाद देश

में। उसके बाद मैंने शादी नहीं की।"

"आपने शादी नहीं की! मेरा मतलब है, क्यों नहीं की?"

"यह नौकरी मेरा पति बन गई। मैं और बोझ उठाना नहीं चाहती, क्योंकि मुझे नए-नए शहरों में रहना होता है। और मिसेज हक के बारे में क्या है?"

"वे हैं···लेकिन बात यह है कि हमारा रिश्ता सामान्य जैसा नहीं है। मेरा मतलब है कि अब वह रहा नहीं। आप तो यह बताइए, क्या दूतावास ने आपके लिए घर ढूँढ़ दिया है?"

"नहीं, मैं बहुत चूजी हूँ। उन्होंने दो घर दिखाए, जो मुझे पसंद नहीं आए। मैंने उन्हें बता दिया कि मैं क्या चाहती हूँ। उनका कहना है, इस्लामाबाद में ऐसे मकान को तलाश करने में समय लगेगा। तब तक मैं यहीं रहती हूँ, इसी होटल में।"

"ओह, तो यह बात है।" उसने खुश होकर कहा। उसके चेहरे पर खुशी तैर गई।

"मुझे लगता है, पाकिस्तान में सही घर से ज्यादा सही आदमी पा जाना आसान है। मि. हक, मैं आपके देश में रहना पसंद करने जा रही हूँ।"

"कृपया मुझे इमरान पुकारें। अगर हमें आपस में काफी लेन-देन करना है तो हमें अब औपचारिकता की जरूरत नहीं, है न?"

"क्या आप मेरे कमरे से खूबसूरत प्रकृति का दृश्य देखना चाहते हैं? यह सस्ता सूट है। मेरे पास भी स्कॉटलैंड की बेहतरीन डिस्टिलरी की सिंगल मॉल्ट है, क्योंकि मुझे बताया गया कि आपके देश में यह मिलना मुश्किल है।"

"अरे वाह! क्यों नहीं।" वह असल में उसे क्या दिखाना चाहती है?

"मुझे लगता है, पाकिस्तान में सही घर से ज्यादा सही आदमी पा जाना आसान है। मि. हक, मैं आपके देश में रहना पसंद करने जा रही हूँ।"

"कृपया मुझे इमरान पुकारें। अगर हमें आपस में काफी लेन-देन करना है तो हमें अब औपचारिकता की जरूरत नहीं, है न?"

"मैं भी यही समझती हूँ।"

दो पेग समाप्त करने के बाद दोनों बैंक्वेट में अपने औपचारिक काम में लग गए। उसने चीनी प्रतिनिधिमंडल के सदस्यों से मुलाकात की और ली प्रतिनिधिमंडल के सदस्यों को पाकिस्तानी अधिकारियों व उद्योगपतियों से मिलाने में व्यस्त हो गई। जैसे ही उसका राजदूत बैंक्वेट से रवाना हुआ, वह हक के पास आई। उसे अपने सूट का नंबर देते हुए उसने कहा कि वह आकर दो बार नॉक करे।

हक ने उसके छठी मंजिल के सूट तक पहुँचने में बीस से ज्यादा मिनट लगाए। उसे अपने देश के विदेश मंत्री, संसदीय सचिव और विदेश सचिव के चले जाने तक रुकना पड़ा। आखिरकार, ये तीनों उसके बॉस थे।

जब हक ने दरवाजे पर दो बार नॉक किया तो उसके बीस सेकंड में ली ने दरवाजा खोला। वह पैंटसूट उतार चुकी थी और होटल के 'बाथरोब' में थी, जो ऊपर से काफी खुला हुआ था और हक के झाँकने के लिए काफी था। उसे देखकर उसके बदन में आवेश की एक लहर तैर गई।

जब हक ने दरवाजे पर दो बार नॉक किया तो उसके बीस सेकंड में ली ने दरवाजा खोला। वह पैंटसूट उतार चुकी थी और होटल के 'बाथरोब' में थी, जो ऊपर से काफी खुला हुआ था और हक के झाँकने के लिए काफी था। उसे देखकर उसके बदन में आवेश की एक लहर तैर गई।

580 वर्ग फीट के उस जूनियर सूट में राजशाही डबल बेड था, जिसका नक्काशी किया गया हेडबोर्ड ऊपर सीलिंग तक जुड़ा हुआ था। एक डेस्क और तीन सीटर सोफे के अलावा एक फूट रेस्ट वाली लाउंज चेयर एवं कॉफी टेबल थी।

पलंग की दूसरी ओर दो विशाल खिड़कियों पर परदे लगे हुए थे। तो यह तय हो गया कि वह उसे कोई प्राकृतिक दृश्य नहीं दिखाना चाहती। इसके अलावा भी क्या उसके पास कोई और दृश्य है?

"इमरान, आपको दृश्य देखना है?"

"लेकिन खिड़कियों पर तो परदे..."

"मैं अपने बारे में कह रही हूँ।" उसने शरारती नजरों से उसे देखा और अपने बाथरोब को थोड़ा और खोल दिया।

"ओह, तो यह बात है। हाँ, क्यों नहीं, मैं दृश्य देखना चाहूँगा, यानी बहुत कुछ और भी…"

वांग ली ने कॉफी टेबल पर सिंगल माल्ट की ह्विस्की की तीन बोतलें सजाकर रखी थीं। "आपकी क्या पसंद है?"

"जो आपकी पसंद, वही मेरी पसंद है।" उसने तीन में से एक बोतल को खोला और पास में रखे ह्विस्की के गिलासों को पर्याप्त मात्रा में भरकर एक को उसके हाथ में थमा दिया। उसके बाद एक ही घूँट में उसने गिलास को आधा कर दिया। हक ने भी देखा-देखी में वही किया। कुछ ही समय में उन्होंने तीन लार्ज पेग खींच लिये।

"जो आपकी पसंद, वही मेरी पसंद है।" उसने तीन में से एक बोतल को खोला और पास में रखे ह्विस्की के गिलासों को पर्याप्त मात्रा में भरकर एक को उसके हाथ में थमा दिया। उसके बाद एक ही घूँट में उसने गिलास को आधा कर दिया। हक ने भी देखा-देखी में वही किया। कुछ ही समय में उन्होंने तीन लार्ज पेग खींच लिये।

"मैंने टब में हॉट बबल बाथ तैयार किया है। क्या आप मेरी पीठ को रगड़ देंगे?" कहकर उसने अपना गाउन वहीं जमीन पर गिरा दिया और जवाब के इंतजार की परवाह किए बगैर बाथरूम में घुस गई।

हक ने फौरन अपनी जैकेट, अपने जूते, जुराबों और दूसरे कपड़ों को उतार फेंका और झटपट उसके पीछे बाथरूम में दाखिल हो गया।

उसने उसकी गरदन के पिछले हिस्से और कंधों के साथ ही उसकी पीठ और उसकी जाँघों को सहलाना शुरू कर दिया।

"घूम जाओ," हक ने उससे कहा। ली की आँखें बंद थीं और हक प्यार से उसे लोशन लगा रहा था और उसके शरीर की मालिश कर रहा था।

छप्पन साल का पाकिस्तानी ह्विस्की के कई पैग गटकने के बाद भी खुद को फिर से तैयार नहीं कर सका। साफ तौर पर वह खुद से निराश था।

रात के 3 बज चुके थे और इससे पहले कि उसकी बीवी उसके घर न पहुँचने पर पुलिस को इत्तिला करे, उसे घर पहुँच जाना था।

उसने मन-ही-मन फैसला किया कि अगली बार से वह अपने पास 'विआग्रा' रखेगा। क्या दूसरी बार यह मौका मिलेगा? क्या उसे बिस्तर का खेल वाकई पसंद आया या उसे खुश करने के लिए वह झूठ बोल रही थी?

□

4

बोर्ख्त के साथ बिरयानी

दिसंबर 2019 की शुरुआत

तीसरी मुलाकात में कात्या पेट्रोव ने फारूक हुसैन को बताया कि वह अविवाहित है और उसे अभी तक उपयुक्त आदमी नहीं मिला है। उसने यह भी बताया कि वह रूसी पुरुषों को पसंद नहीं करती है और उसके मिलने से कुछ ही हफ्तों पहले अपने बॉयफ्रेंड से रिश्ता तोड़ चुकी है।

रूसी औरतें पाकिस्तानियों और हिंदुस्तानियों से कई वजह से आसानी से आकृष्ट हो जाती हैं। रूसी पुरुष एक अच्छे साथी या दोस्त नहीं होते। उनके सामने एक बोतल वोदका और एक खूबसूरत औरत रख दो तो उनकी तवज्जो हर हाल में बोतल की ओर होगी। वे इतना पीते हैं और पीकर टुन्न हो जाते हैं कि बातचीत या डांस करने में उनकी रुचि नहीं रहती; जबकि महिलाएँ उन्हीं में ज्यादा रुचि लेती हैं। इसलिए यह ताज्जुब नहीं कि मॉस्को के बारों में दो महिलाएँ एक-दूसरे के साथ मिलकर डांस करती नजर आएँ और मॉस्को में यह कोई अस्वाभाविक दृश्य भी नहीं माना जाता। फारूक कात्या से बातें करता था, शराब पीने पर होश नहीं खोता था और उसके साथ डांस भी करता था।

उनकी पाँचवीं डेट पर कात्या ने बैंगनी की-होल वाली ड्रेस पहनी थी, जो काफी उत्तेजक थी।

हुसैन साधारण मैरून कलर का पुलओवर और नीले रंग की डेनिम जींस पहने हुए था।

"कात्या, आज तुम बहुत हॉट (उत्तेजक) लग रही हो। माइनस पाँच डिग्री में भी देखो, मुझे पसीना आ रहा है।"

"लेकिन बार में तो हीटर लगा है, है न?"

"वह तो ठीक है, लेकिन इसकी वजह तुम हो।"

"क्या तुम यहाँ से जल्दी चलकर एक रात नाइट कैप लव के लिए मेरे अपार्टमेंट में आना चाहोगे? मुझे यकीन है कि गरमी तुम्हें वहाँ भी लगेगी।" उसे जवाब देने की जरूरत नहीं पड़ी।

टैक्सी से उसके अपार्टमेंट तक पहुँचने में 20 मिनट लगते थे। उसका 710 वर्ग फीट का अपार्टमेंट मॉस्को के बीच में गार्डन रिंग और बेलोउस्काया मेट्रो और रेलवे स्टेशनों के पास स्थित था। हाल ही में उसकी नए सिरे से मरम्मत की गई थी, जिसमें सफेद दीवारों पर दुनिया भर के सैलानियों को आकृष्ट करनेवाले चार चित्रों को ब्लैक एंड व्हाइट प्रिंटों में फ्रेम करके लगाया गया था।

टैक्सी से उसके अपार्टमेंट तक पहुँचने में 20 मिनट लगते थे। उसका 710 वर्ग फीट का अपार्टमेंट मॉस्को के बीच में गार्डन रिंग और बेलोउस्काया मेट्रो और रेलवे स्टेशनों के पास स्थित था।

"क्या तुम यात्रा करना पसंद करती हो?" हुसैन ने पूछा।

"हाँ, चित्रों में दरशाए गए सभी स्थानों को मैंने देखा है।"

रूस में आमतौर पर 'नाइट कैप' का मतलब वोदका पीना—एक-दो नहीं, जमकर पीना—होता है।

फारूक पूरी तरह अहसास कर रहा था। आगे जो होने वाला था, उसे सोचकर वह सिसकारियाँ भर रही थी। फारूक हिलना चाह रहा था, मगर ऐसा लगा जैसे उसका शरीर बँध गया हो। वह उत्तेजना का अहसास कर रहा था।

फारूक हुसैन को बीते तीस सालों में दर्जनों औरतों से सेक्स का अनुभव हो चुका था, लेकिन यह अनुभव सबसे अलग था।

रूसी औरतों में खासियत है, क्यों? है कि नहीं? कात्या ने दो सिगरेट और पीं। फिर दोनों ने वोदका का अंतिम शॉट लगाया और एक बार फिर से संभोग में रम गए।

जनवरी 2020

यह शायद उनकी चौदहवीं या पंद्रहवीं मुलाकात थी। कात्या ने फारूक से पूछा कि वह काम क्या करता है और मॉस्को में क्यों आया है ?

"मैं पाकिस्तानी सेना में ब्रिगेडियर हूँ और अपने दूतावास में डिफेंस अटैची के पद पर काम कर रहा हूँ। और तुम कात्या, विदेश मंत्रालय में तुम्हारा काम क्या है ?"

"ओह, प्यारे! कुछ खास नहीं। मैं डेस्क ऑफिसर हूँ, जो दिन भर फाइलिंग में उलझी रहती है। तुम नहीं जानते, कितना बोरिंग जॉब है!"
वे सप्ताह में अब दो से तीन बार मिलने लगे थे और अधिकांश अवसरों पर वह उसके अपार्टमेंट में रात गुजारता था। यदि उसे किसी दिन सुबह निकलना होता था तो वह उसके अपार्टमेंट से रात साढ़े दस बजे से पहले लौट आता था और लौटने से पहले कम-से-कम दो बार संभोग के बाद।

"ओह, प्यारे! कुछ खास नहीं। मैं डेस्क ऑफिसर हूँ, जो दिन भर फाइलिंग में उलझी रहती है। तुम नहीं जानते, कितना बोरिंग जॉब है !"

वे सप्ताह में अब दो से तीन बार मिलने लगे थे और अधिकांश अवसरों पर वह उसके अपार्टमेंट में रात गुजारता था। यदि उसे किसी दिन सुबह निकलना होता था तो वह उसके अपार्टमेंट से रात साढ़े दस बजे से पहले लौट आता था और लौटने से पहले कम-से-कम दो बार संभोग के बाद।

वह उसके लिए फूलों का गुलदस्ता लाता था और कात्या को वह पसंद आता था। कभी-कभी वह उसे उपहार भी देता था; लेकिन उपहार ज्यादा महँगा नहीं होता था, क्योंकि कीमती उपहार उसके सरकारी वेतन में संभव नहीं हो पाता था।

कई शामों को कात्या उसके लिए डिनर बनाती थी। अधिकांश दिनों में वह मशहूर रूसी 'बोर्ख्त' (गोश्त) यानी हड्डी वाले गोश्त और फ्राई की गई सब्जियों को मिलाकर बना खट्टा सूप बनाती थी। अन्य दिनों में वह

तरह-तरह के रूसी व्यंजन बनाती थी, जिनमें बीफ या फिश सोल्यंका (एक गाढ़ा मसालेदार रूसी सूप), गोलब्टसी (पकाई बंद गोभी के पत्तों में लिपटी तेरह प्रकार की फिलिंग्स) और पोटेटो ओरब्रोश्का (कच्ची सब्जियों, उबले आलुओं, अंडों और पकाए गए गोश्त तथा राई की ब्रेड के अल्कोहल सहित खमीरे से बना एक क्लासिक सूप) शामिल थे।

कभी-कभार वे हुसैन के अपार्टमेंट में मिलते थे और वह डिनर बनाता था। हुसैन का अपार्टमेंट 'नोवोस्लोद्स्क्या उलित्सा' नामक स्ट्रीट पर स्थित 46 फ्लोर बिल्डिंग के चौदहवें फ्लोर पर था। यह एक छोटा सा 538 वर्ग फीट का स्टूडियो अपार्टमेंट था। यहाँ से उसके दूतावास में कार से 12 से 15 मिनट में पहुँचा जा सकता था। उसकी निर्धन पाकिस्तान सरकार उसके लिए इससे अच्छे अपार्टमेंट का खर्च उठाने को तैयार नहीं थी।

कभी-कभार वे हुसैन के अपार्टमेंट में मिलते थे और वह डिनर बनाता था। हुसैन का अपार्टमेंट 'नोवोस्लोद्स्क्या उलित्सा' नामक स्ट्रीट पर स्थित 46 फ्लोर बिल्डिंग के चौदहवें फ्लोर पर था। यह एक छोटा सा 538 वर्ग फीट का स्टूडियो अपार्टमेंट था। यहाँ से उसके दूतावास में कार से 12 से 15 मिनट में पहुँचा जा सकता था। उसकी निर्धन पाकिस्तान सरकार उसके लिए इससे अच्छे अपार्टमेंट का खर्च उठाने को तैयार नहीं थी।

हुसैन अपने फ्लैट में डिनर में हलके मसालेवाली बढ़िया जायकेदार बिरयानी, पराँठे और तरह-तरह के कबाब बनाया करता था। कभी-कभी वे दोनों मिलकर अपने देशों के स्वादिष्ट व्यंजन बनाते थे और साथ मिलकर खाते थे।

ऐसे अधिकांश मौकों पर दोनों में से किसी के अपार्टमेंट में कात्या केवल टी-शर्ट के साथ कांग (चमड़े का पट्टा) पहना करती थी या फिर कोई अंडरवियर नहीं पहनती थी।

हुसैन ने कभी कल्पना में भी नहीं सोचा था कि वह एक रूसी औरत से

प्यार करने लग जाएगा। अब तक उसने सभी विदेशी पोस्टिंग्स में जासूसों या अन्य किसी से 'इमोशनल अटैचमेंट' (भावनात्मक लगाव) से अपने को दूर रखा था। उनमें ज्यादातर हिंदुस्तानी थे। अगर आई.एस.आई. के बॉसेस को पता चल गया तो क्या होगा?

□

5

दिल्ली में बीबी

जनवरी 2020

तैंतीस वर्षीया आयशा बीबी नई दिल्ली स्थित पाकिस्तानी उच्चायोग में थर्ड सेक्रेटरी (प्रेस) के पद पर काम कर रही थी।

पाकिस्तानी उच्चायोग का दफ्तर नई दिल्ली के बेहतरीन इलाके चाणक्यपुरी में स्थित था। यह इलाका लगभग 6 किलोमीटर के क्षेत्र में फैला हुआ था और 'डिप्लोमेटिक इंक्लेव' के नाम से जाना जाता था। उच्चायोग की तीन मंजिल की यह चौकोर इमारत लंबे व हरे-भरे विशाल अहाते में बनी हुई थी, जिसे चारों ओर से नौ फीट ऊँची पूर्ण रूप से सुरक्षित दीवार से घेरा गया था। इमारत अपनी सफेद दीवारों के बीच में बने आसमानी रंग के विशाल गुंबद और चारों कोनों में बनी इमारत से पंद्रह फीट ऊँची मीनारों के साथ एक शानदार छवि प्रस्तुत करती थी।

इससे पहले बीबी विदेश में पहली बार तेहरान के पाकिस्तानी दूतावास में थर्ड सेक्रेटरी बनकर गई थी। वहाँ उसे 'हिजाब' पहनना पड़ता था। पाकिस्तान के विदेश मंत्रालय में उसका चुनाव विदेश मंत्री ने एक नेशनल टेलीविजन पर प्रसारित उसके एक इंटरव्यू से प्रभावित होकर किया था। तब उसकी उम्र उनतीस बरस थी।

उसके पिता पाकिस्तान के सबसे बड़े शहर लाहौर में एक दुकान चलाते थे और माँ घर-गृहस्थी देखती थी। उसकी छोटी बहन एक प्राइवेट कंपनी में अकाउंटेंट थी। पूरा परिवार खुश था कि आयशा को सरकारी नौकरी मिल

गई, जिसका अपना अलग रुतबा था। आयशा ने ग्रेजुएशन के बाद टेलीविजन चैनल में काम करना शुरू किया था और जल्दी ही वह तरक्की करती गई, क्योंकि वह इंटरव्यू में बिना किसी झिझक के सही प्रश्न ऊँचे सरकारी अफसरों से भी करने में नहीं चूकती थी।

हिंदुस्तान आने से पहले आयशा को गैर–इसलामिक दुनिया के बारे में कोई जानकारी नहीं थी और न ही उसने किसी गैर–इसलामिक देश को देखा था। हिंदुस्तान आकर उसे आश्चर्य के साथ खुशी भी हुई। यहाँ की आधुनिक इमारतें, मॉल्स, मेट्रो, रेलवे स्टेशन, फ्लाईओवर और बहुत कुछ देख–सुनकर उसे एक अनजानी खुशी हुई। यह विकास पाकिस्तान में नहीं दिखाई देता था। यहाँ का वातावरण, हिंदुस्तानियों का स्वभाव, उनकी आजादी को देखकर उसे अच्छा लगा था। यह सब उस तसवीर से बिल्कुल अलग था, जो पाकिस्तान की सरकार और सेना पाकिस्तानी जनता के सामने पेश करती है।

वह खासतौर पर हिंदुस्तान की औरतों की आजादी को देखकर आश्चर्यचकित थी। दिल्ली, गुरुग्राम या नोएडा में उसकी उम्र की औरतें, यहाँ तक कि शादीशुदा औरतें भी, घुटनों तक की ड्रेस और टॉप पहनकर आजादी से घूमती हैं।

वह खासतौर पर हिंदुस्तान की औरतों की आजादी को देखकर आश्चर्यचकित थी। दिल्ली, गुरुग्राम या नोएडा में उसकी उम्र की औरतें, यहाँ तक कि शादीशुदा औरतें भी, घुटनों तक की ड्रेस और टॉप पहनकर आजादी से घूमती हैं।

बीबी हालाँकि अपने आप को आकर्षक और सेक्सी मानती थी, लेकिन पाकिस्तान में मर्दों को यह कैसे पता चले, क्योंकि पाकिस्तान में वह ऐसे कपड़े कैसे पहन सकती थी? और जब से उसके देश में तालिबों ने अपना प्रभाव बढ़ाया है, तब से तो यह हरगिज नहीं हो सकता। अपने 5 फीट 5 इंच ऊँचे कद, मक्खन जैसे रंग में अपनी भूरी आँखों, छोटी सी नाक के साथ काले

बालों और भरे-पूरे उरोजों के साथ बीबी उससे कहीं ज्यादा आकर्षक थी, जितना कि वह खुद को मानती थी।

दरअसल, तालिबान की पैदाइश अफगानिस्तान के सन् 1994 में हुए सिविल वार (गृह युद्ध) से हुई, जिसमें तालिबान एक प्रमुख घटक के रूप में उभरा। तालिबान प्रमुख रूप से अफगानिस्तान और पाकिस्तान के पश्तून छात्रों का संगठन था, जिनकी पढ़ाई मदरसों या परंपरागत इसलामी स्कूलों में हुई थी। सन् 1996 से लेकर 2001 तक अफगानिस्तान के तीन-चौथाई हिस्से पर तालिबान का कब्जा था और अब वे फिर से ताकतवर होते जा रहे थे। उन्होंने शरिया या इसलामी कानूनों को लागू किया था, जिसमें खासतौर पर औरतों पर पाबंदियाँ लगाई गई हैं, ताकि वे स्कूल न जा सकें और नौकरी न कर सकें। सन् 2007 में तहरीक-ए-तालिबान, पाकिस्तान की स्थापना हुई (जिसका अफगानिस्तान से कोई नाता नहीं था) और अब वह पाकिस्तान के खैबर पख्तूनवा प्रदेश के फाटा क्षेत्र पर शासन करना चाहता है। पाकिस्तान तहरीक-ए-तालिबान (टी.टी.पी.) के साथ गृह युद्ध में फँसा हुआ है, जिसने अब तक हजारों लोगों की जानें ले ली हैं और करोड़ों लोग फाटा क्षेत्र से भागकर देश के अन्य इलाकों में भाग गए हैं। टी.टी.पी. पाकिस्तान के स्कूलों, कॉलेजों, मसजिदों, सरकारी दफ्तरों और आवाम की आने-जानेवाली सभी जगहों पर आएदिन हमला करता है।

हिंदुस्तान की दूसरी बात, जिसे देखकर आयशा को आश्चर्य हुआ, वह दफ्तरों तक कामकाज के स्थलों पर औरत और मर्द का बराबरी का दर्जा था। यहाँ दोनों को बराबर के हक मिले हुए थे। प्रेस की थर्ड सेक्रेटरी होने के नाते उसे अधिकतर मीडिया से संपर्क करना पड़ता था। यहाँ औरतें मर्द के बराबर थीं।

हिंदुस्तान की दूसरी बात, जिसे देखकर आयशा को आश्चर्य हुआ, वह दफ्तरों तक कामकाज के स्थलों पर औरत और मर्द का बराबरी का दर्जा था। यहाँ दोनों को बराबर के हक मिले हुए थे। प्रेस की थर्ड सेक्रेटरी होने के नाते

उसे अधिकतर मीडिया से संपर्क करना पड़ता था। यहाँ औरतें मर्द के बराबर थीं। वे टी.वी. चैनलों में न केवल खूबसूरत 'न्यूज रीडर', बल्कि एडिटर और एडिटर-इन-चीफ भी थीं। अखबारों में भी औरतें ऊँचे पदों पर थीं। यह सब उसके देश में नहीं था। वहाँ सिर्फ खूबसूरत औरतों को न्यूज रीडर का काम दिया जाता था। शायद ही किसी टी.वी. चैनल या अखबार में किसी औरत को बड़ा पद मिला हो।

तहरीक-ए-तालिबान और अन्य कट्टर इसलामी ताकतों के लगातार दमन और धमकियों से क्या पाकिस्तान भी अपने पश्चिमी पड़ोसी मुल्कों—अफगानिस्तान व ईरान की तरह और भी ज्यादा इसलामी देश बन जाएगा? क्या उसे ईरान की तरह पाकिस्तान में भी हिजाब या बुर्का पहनना पड़ेगा? यहाँ तक कि पाकिस्तान की अर्थव्यवस्था भी डूबती नजर आ रही है; जबकि हिंदुस्तान तेजी से तरक्की करता जा रहा है।

भारत की तीन राजनीतिक पार्टियों की नेता औरतें थीं और प्रधानमंत्री भी औरत ही थी। पाकिस्तान में बारह साल पहले एक औरत जैसे-तैसे प्रधानमंत्री बनी थी, लेकिन उसकी हत्या कर दी गई। उसके बाद कोई औरत उस ऊँचाई तक नहीं जा पाई। हिंदुस्तान में बड़ी-बड़ी कंपनियों, कॉरपोरेटों और बैंकों में औरतें ऊँचे ओहदों पर काम करती हैं। लेकिन औरत-मर्द की बराबरी पाकिस्तान में नहीं दिखाई देती।

आखिरकार, पाकिस्तान का भविष्य क्या है? तहरीक-ए-तालिबान और अन्य कट्टर इसलामी ताकतों के लगातार दमन और धमकियों से क्या पाकिस्तान भी अपने पश्चिमी पड़ोसी मुल्कों—अफगानिस्तान व ईरान की तरह और भी ज्यादा इसलामी देश बन जाएगा? क्या उसे ईरान की तरह पाकिस्तान में भी हिजाब या बुर्का पहनना पड़ेगा? यहाँ तक कि पाकिस्तान की अर्थव्यवस्था भी डूबती नजर आ रही है; जबकि हिंदुस्तान तेजी से तरक्की करता जा रहा है।

हिंदुस्तान-पाकिस्तान दोनों पड़ोसी देश चार बार युद्ध लड़ चुके हैं और

पिछले तीन युद्धों में तो साफ तौर पर हिंदुस्तान जीता है। फिर भी, पाकिस्तानी सेना और सरकार का तंत्र, जिसमें प्रधानमंत्री से लेकर बड़े-बड़े नेता शामिल हैं, हमेशा मीडिया या दूसरे माध्यमों से हिंदुस्तान से लड़ाई की रट लगाए रहते हैं। आखिर उन्हें मिलेगा क्या? हिंदुस्तान सभी पहलुओं में जीतता जा रहा है, यहाँ तक कि क्रिकेट में भी! जब से आयशा हिंदुस्तान आई है, तब से ऐसे खयाल हर बीतते दिन उसे सताते रहे हैं और सताते जा रहे हैं, जिससे उसके पेट में गाँठें पड़ने लगी थीं···कंपन का अहसास, जैसे अंदर कुछ हिल रहा हो! और कितने दिन वह यहाँ रह पाएगी?

□

6

लेडी @ इंडिया डेस्क

फरवरी 2020

पिछले तीन महीने से ज्यादा वक्त बीता होगा, जब से पाकिस्तानी ब्रिगेडियर और रूसी महिला प्यार के बंधन में बँधे जैसे लगते थे। वे 'अलेक सेंद्रोविस्की सेड', 'मूजिओ पार्क ऑफ आर्ट्स' और 'जायरा दे पार्क' के लंबे रास्तों पर घूमते नजर आते थे। सप्ताह में एक बार वे अंग्रेजी सब टाइटल्स की मूवी देखने जाते और कई बार रशियन कॉन्सर्ट्स में भी दिखाई देते।

तब एक दिन उसने बताया।

"मैं डिप्टी फॉरेन मिनिस्टर इंचार्ज ऑफ एशियन कंट्रीज के दफ्तर में इंडिया डेस्क की मुखिया हूँ।"

"अरे वाह, डिप्टी मिनिस्टर के दफ्तर में!"

"हमारे यहाँ दस डिप्टी फॉरेन मिनिस्टर हैं, जिसमें पहला डिप्टी फॉरेन मिनिस्टर भी शामिल है। अगर मुझसे पूछो तो बहुत ज्यादा हैं। मेरी चलती तो उनमें से सात या आठ को मैं शूट कर देती।"

"सिर्फ सात या आठ?" कहकर कात्या हँस दी।

"इंडिया डेस्क पर कितने लोग काम करते हैं? यह इसलिए पूछ रहा हूँ, क्योंकि ये हमारे पड़ोसी हैं।"

"पाँच हैं, मेरी जान! बाकी चार मुझे रिपोर्ट करते हैं।"

"तो तुम सीनियर हो! और पाकिस्तानी डेस्क? जहाँ तक मैं समझता हूँ, वहाँ सिर्फ दो हैं।"

"ओह, मेरी जान! मैं जितना हो सकता है, उनसे दूर भागती हूँ। तुम ही मेरे सही पाकिस्तानी हो।"

रूस में सर्वप्रमुख आई.एस.आई. अफसर को अब लगा कि उसे एक व्यक्ति मिल गया है, जिसे वह अपना शिकार बना सकता है। फारूक हुसैन अभी तक यह नहीं जान पाया था कि क्या कात्या पेट्रोव वाकई एफ.एस.बी. अफसर है ? और उसे सही मायनों में कैसे डबल जासूस बनाया जा सकता है ?

भले ही वह एफ.एस.बी. अफसर न हो, इंडिया डेस्क में काम करने के कारण वह उससे उपयोगी जानकारी तो प्राप्त कर ही सकेगा। यह काम इतना आसान तो नहीं होगा, क्योंकि वह अच्छी तरह से जानती होगी कि हिंदुस्तान-पाकिस्तान में कितना और कैसा 'याराना' है। उसने जल्दीबाजी न करने का फैसला किया। इंडिया डेस्क के कामकाज के बारे में उसने उससे कभी नहीं पूछा। जैसे-जैसे दोनों और नजदीक आएँगे, वह उसे और अधिक विश्वास में लेगा।

भले ही वह एफ.एस.बी. अफसर न हो, इंडिया डेस्क में काम करने के कारण वह उससे उपयोगी जानकारी तो प्राप्त कर ही सकेगा। यह काम इतना आसान तो नहीं होगा, क्योंकि वह अच्छी तरह से जानती होगी कि हिंदुस्तान-पाकिस्तान में कितना और कैसा 'याराना' है।

गुप्त संचार के माध्यम से उसने इस्लामाबाद को खबर दी कि उसके पास एक कीमती सूत्र है, जो रूस के विदेश मंत्रालय में 'इंडिया डेस्क' का सर्वेसर्वा है।

आई.एस.आई. हेडक्वार्टर्स में उसका बॉस मेजर जनरल नवाज खान था, जो विदेश विभाग में डिप्टी डायरेक्टर जनरल था।

"बहुत अच्छे! ब्रिगेडियर, उसे गरम करते रहो।" यह संक्षिप्त गुप्त जवाब उसके बॉस का नहीं, बल्कि उसके बॉस के बॉस आई.एस.आई. के डायरेक्टर जनरल लेफ्टिनेंट जनरल अयूब इलाही का था।

"क्यों नहीं, गरम तो उसे करता ही रहूँगा।"

□

7

पाकिस्तानी का इंडिया से प्यार!

अप्रैल 2020

सिर्फ साढ़े तीन महीने ही बीते होंगे कि आयशा बीबी को इंडिया से प्यार होने लगा। मौसम में ज्यादा फर्क नहीं था। लोग वैसा ही खाना खाते हैं, वही भाषा बोलते हैं—उर्दू या हिंदी और पंजाबी।

पाकिस्तान में वह नहीं था, जो हिंदुस्तान में था। यह एक लंबा-चौड़ा देश है। यहाँ तीन तहजीबें हैं, कई जुबानें हैं और कितने मजहब हैं। इसमें वह आसानी से रम जाएगी और यहाँ अपना घर बसा सकेगी तथा पाकिस्तान से भाग सकेगी, मुल्लाओं और तालिबानों के डर के बगैर खुलकर मर्दों से दोस्ती कर सकेगी, अपने मनचाहे कपड़े पहन सकेगी, मनचाहा मेकअप कर सकेगी, आजाद औरत की तरह रह सकेगी और अपनी नौकरी में ऊँचे ओहदों तक जा सकेगी। लेकिन कैसे?

हाँ, माना कि दिल्ली में सर्दियों में प्रदूषण बढ़ जाता है। दिल्ली और गुरुग्राम दुनिया के सबसे ज्यादा प्रदूषित दस शहरों में शामिल थे, लेकिन उसने हैदराबाद और बंगलुरु जैसे कम प्रदूषित शहरों के बारे में भी सुना है, जिनका नाम 200 सबसे ज्यादा प्रदूषित शहरों में नहीं था। फिर, मुंबई है, जो 90 सर्वाधिक प्रदूषित शहरों में शामिल नहीं था। वहाँ बॉलीवुड भी है। बचपन से उसने कितनी ही बॉलीवुड फिल्में देखी हैं। वे पाकिस्तानी फिल्मों से अच्छी थीं। वह बॉलीवुड के कितने ही पुरुष ऐक्टर्स को पसंद करती है। क्या मैं उनमें से किसी एक से शादी करके यहाँ बस नहीं सकती, जैसा कि बीते वर्षों में पाकिस्तानी औरतों ने किया है?

वह खूबसूरत है और उन दर्जन भर पाकिस्तानी ऐक्ट्रेसों से ज्यादा नहीं तो कम भी नहीं है, जिन्होंने हाल ही के वर्षों में बॉलीवुड की फिल्मों में काम किया है।

और एक बार मैं अच्छा पैसा कमाने लग गई तो अपने माँ-बाप और बहन को भी यहाँ बुला लूँगी।

बीबी बड़ी आसानी से दोस्ती कर लेती थी। इन साढ़े तीन महीनों में वह कम-से-कम पाँच हिंदुस्तानी औरतों को गिन सकती थी, जो उसकी दोस्त थीं और जिनसे वह मन की बात कह सकती थी। वह अपना सामाजिक दायरा भी बढ़ा सकती थी, क्योंकि उच्चायोग में किसी सीनियर अफसर को दूसरे कर्मचारियों की परवाह नहीं थी। उच्चायुक्त को सरकारी समारोहों में शामिल होने से फुरसत नहीं थी। अन्य छोटे-मोटे अफसर और मुलाजिम स्थानीय बारों में जाकर पीने और हिंदुस्तानी जवान औरतों से फ्लर्ट करने या उन्हें घूरने में समय बिताते थे। यदि आप आर्मी या आई.एस.आई. में नहीं हैं तो पाकिस्तान में शराब आसानी से नहीं मिलती। और पाकिस्तानी औरतें हिंदुस्तानी औरतों की तरह सेक्सी ड्रेसें भी नहीं पहनतीं।

बीबी ने अपने मन की बातें कुछ नजदीकी दोस्तों को बताईं, जिनमें पिंकी और स्वाति शामिल थीं। उन्होंने बताया कि उसका हिंदुस्तान में बसने का सपना सच्चाई में बदल सकता है, यदि वह पाकिस्तानी सरकार की तलाशती नजरों से कहीं दूर चली जाए और दिल्ली से दूर रहे।

बीबी ने अपने मन की बातें कुछ नजदीकी दोस्तों को बताईं, जिनमें पिंकी और स्वाति शामिल थीं। उन्होंने बताया कि उसका हिंदुस्तान में बसने का सपना सच्चाई में बदल सकता है, यदि वह पाकिस्तानी सरकार की तलाशती नजरों से कहीं दूर चली जाए और दिल्ली से दूर रहे।

एक दिन पिंकी ने उसे दिल्ली के मशहूर नाइट क्लब में आयोजित एक पार्टी में बुलाया। वह नाइट क्लब हयात के दिल्ली एरोसिटी में स्थित 'अंदाज

होटल' में था। यह होटल 'ट्रिप एडवाइजर' की रैंकिंग में दिल्ली के 12,519 रेस्त्राँओं में नंबर दो पर आता था।

पिंकी ने बीबी से कहा कि वह अपने भरसक अच्छे सेक्सी ड्रेस में आए, क्योंकि पार्टी में अनेक सुंदर नौजवानों के आने की उम्मीद है और निश्चित तौर पर वहाँ पाकिस्तानी उच्चायोग का कोई भी व्यक्ति नहीं होगा, क्योंकि पूरा क्लब इस प्राइवेट पार्टी के लिए बुक किया गया है।

हांगकांग की ऊष्मा और उसके विरोधाभास पर आधारित इस डाइनिंग क्लब में बड़े नाटकीय रूप से आधुनिक चाइनीज इंटीरियर बनाया गया था, जिसमें चीन की झलक दिखाई देती थी। क्लब का प्रमुख आकर्षण विशाल दो मंजिला एक टावर वाला घूमता हुआ बार था, जिसमें अच्छी कीमती शराब की बोतलों और शीशे के कट गिलासों को खूबसूरती से सजाया गया था।

बीबी ने घुटनों तक की 'स्ट्रैपलेस' ब्लैक ड्रेस पहनी, जो उसके स्तनों तक खुली हुई थी। गले में उसने आर्टीफिशियल पर्ल नैकलेस पहना था (असली पहनने लायक उसकी सरकार उतना वेतन देने के काबिल नहीं थी) और पैरों में ग्लैडिएटर सैंडल्स पहने थी। वह बेहद आकर्षक लग रही थी। उच्चायोग की आँखों से बचने के लिए उसने पिंकी के घर जाकर अपनी ड्रेस बदल ली थी।

हांगकांग की ऊष्मा और उसके विरोधाभास पर आधारित इस डाइनिंग क्लब में बड़े नाटकीय रूप से आधुनिक चाइनीज इंटीरियर बनाया गया था, जिसमें चीन की झलक दिखाई देती थी। क्लब का प्रमुख आकर्षण विशाल दो मंजिला एक टावर वाला घूमता हुआ बार था, जिसमें अच्छी कीमती शराब की बोतलों और शीशे के कट गिलासों को खूबसूरती से सजाया गया था। अनेक मेजें ऐसी थीं, जिनके इर्द-गिर्द बैठे लोग 'अंदाज होटल' के खूबसूरत बागों को देख सकते थे।

बीबी को अनेक दिलचस्प लोगों से मिलाया गया, किंतु उनमें अधिकांश

शादीशुदा थे। उसने कुछ नौजवानों से भी मुलाकात की, लेकिन वे सब नव-धनाढ्य बिगड़ैल युवक थे।

उसने आधी रात से कुछ पहले क्लब में प्रवेश किया। वह बहुरंगी शर्ट पहने था, जिसके दो बटन खुले हुए थे। नीली जींस के अलावा उसने ब्लैक लेदर बूट पहने हुए थे। अपने 5 फीट 8 इंच ऊँचे कद और पक्के हुए रंग, घमंडी आँखों तथा घने, सधे बालों और छरहरे बदन में उसका अहसास झलकता था कि वह किसी भी लड़की का दिल मिनटों में जीत सकता है।

उसने आधी रात से कुछ पहले क्लब में प्रवेश किया। वह बहुरंगी शर्ट पहने था, जिसके दो बटन खुले हुए थे। नीली जींस के अलावा उसने ब्लैक लेदर बूट पहने हुए थे। अपने 5 फीट 8 इंच ऊँचे कद और पक्के हुए रंग, घमंडी आँखों तथा घने, सधे बालों और छरहरे बदन में उसका अहसास झलकता था कि वह किसी भी लड़की का दिल मिनटों में जीत सकता है।

वह उसकी ओर देखे बिना नहीं रह पाई और वह भी उसे देखे बगैर नहीं रह पाया। यह देखकर पिंकी की दोस्त अनिता ने दोनों का एक-दूसरे से परिचय कराया।

सिड एक ऐक्टर व प्लेबैक सिंगर के साथ-साथ फिल्म प्रोड्यूसर था। वर्ष 2007 में उसका तलाक हो गया था। उसकी उम्र कुछ ही दिनों में छियालीस होने वाली थी। बीबी खुद भी अगले महीने चौंतीस की होने वाली थी। ज्यादा फर्क नहीं है, उसने मन-ही-मन सोचा। जिन चौवालीस में से छत्तीस फिल्मों में उसने काम किया है और इक्कीस में से अठारह गाने गाए हैं, वे सब दक्षिण की तमिल व तेलुगु भाषाओं में हैं और वह अपना अधिकांश समय दक्षिण भारतीय शहरों चेन्नई व हैदराबाद में गुजारता है। यह तो वह भी चाहती है। वे शहर कम प्रदूषित हैं।

"क्या आपने कोई दक्षिण भाषा की फिल्म देखी है?"

"नहीं, मुझे खेद है। क्या वे पंजाबी···मेरा मतलब है, सब 'हिंदी टाइटल्स' में उपलब्ध हैं?"

"कुछ हैं, जो अमेजन प्राइम, नेटफ्लिक्स और हॉट स्टार पर देखी जा सकती हैं।"

"क्या हॉट स्टार का नाम आपसे पड़ा है?" उसने अपने गुलाबी गालों में फैलती मुसकान के साथ कहा।

"दुर्भाग्यवश नहीं, लेकिन कॉम्प्लीमेंट्स के लिए शुक्रिया। क्या मैंने नहीं बताया कि आप कितनी सुंदर हैं! आप ऐक्टिंग शुरू क्यों नहीं करतीं, बजाय सरकारी नौकरी के, जैसा कि अनिता ने मुझे आपके बारे में बताया है।"

"अरे, अपने दकियानूसी पाकिस्तानी कठमुल्लेपन से बाहर निकलो, आयशा। तुम हिंदुस्तान में हो और यहाँ रम जाना चाहती हो, बल्कि बस जाना भी चाहती हो। एक खूबसूरत फिल्म स्टार तुम्हें अपने साथ चार दिन बिताने के लिए दावत दे रहा है और वह अविवाहित भी है। ऐसे कितने प्रस्ताव तुम्हें और मिलेंगे?"

"क्या आप मुझे मौका देंगे?"

"जरूर, क्यों नहीं!"

"आप दिल्ली कितनी बार आते हैं?"

"बहुत कम, लेकिन मेरा एक प्रस्ताव है। अपने राज्य के नीलगिरि हिल्स में मेरा आकर्षक हॉलीडे होम है। कैसा रहेगा, अगर मैं आपको एक वीकेंड मनाने के लिए कोयंबटूर तक हवाई टिकट भेज दूँ? मेरा हॉलीडे होम वहाँ से तीन से चार घंटे का रास्ता है।"

यह तो पहली मुलाकात में ही अपने साथ वीकेंड मनाने को कह रहा है। क्या वास्तव में हिंदुस्तानी ऐक्टर्स इतने 'फास्ट' होते हैं या यह पहली नजर में प्यार है?

"लेकिन वीकेंड के लिए मुझे तो सप्ताह में सिर्फ दो दिन ही मिलते हैं।"

"पहली मई, शुक्रवार को छुट्टी है। इसलिए आपकी एंबेसी या कॉन्सुलेट जरूर बंद रहेगी। अगर आप बृहस्पतिवार या सोमवार को छुट्टी ले लें तो वीकेंड चार दिन का हो जाएगा।"

"क्या आप मुझे जवाब देने के लिए तीस मिनट दे सकते हैं?"

"क्यों नहीं! मैं यहीं कहीं रहूँगा। जरा ढूँढ़ना पड़ेगा।"

बीबी भीड़ भरे नाइट क्लब में स्वाति व पिंकी को ढूँढ़ने लगी और जब उसे दोनों क्लब के कोने में बैठी दिखाई दीं तो वह उन तक पहुँची और उन्हें सिड तथा उसके प्रस्ताव के बारे में बताया।

"सोच क्या रही हो, लड़की! शायद यही मौका है, जिसका तुम इंतजार कर रही हो।" पिंकी ने कहा।

"लेकिन क्या यह जल्दबाजी नहीं होगी? हम पाकिस्तानी लड़कियाँ आप जैसी हिंदुस्तानी लड़कियों की तरह उतनी तेज नहीं हैं और फिर, सिड से तो आज ही मुलाकात हुई है। वह मेरे बारे में क्या सोचेगा?"

"अरे, अपने दकियानूसी पाकिस्तानी कठमुल्लेपन से बाहर निकलो, आयशा। तुम हिंदुस्तान में हो और यहाँ रम जाना चाहती हो, बल्कि बस जाना भी चाहती हो। एक खूबसूरत फिल्म स्टार तुम्हें अपने साथ चार दिन बिताने के लिए दावत दे रहा है और वह अविवाहित भी है। ऐसे कितने प्रस्ताव तुम्हें और मिलेंगे?"

"मेरा भी यही कहना है।" स्वाति ने कहा, "तुम्हें नुकसान क्या होगा? ऐसा तो है नहीं कि वह तुमसे शादी करने को कह रहा हो।"

बीबी ने सिड को ढूँढ़ने के लिए नजरें दौड़ाईं और जल्दी ही उस तक पहुँच गई। उसने बताया कि उसका जवाब 'हाँ' में है। दोनों ने अपने टेलीफोन नंबरों का आदान-प्रदान किया।

उसका प्रस्ताव इतनी आसानी से मानकर कहीं मैंने कुछ ज्यादा तेजी तो नहीं दिखा दी? लेकिन वह मुझसे प्यार भी तो कर सकता है। और कुछ नहीं तो कम-से-कम वह मुझे फिल्म स्टार तो बना ही सकता है। और मैं दिल्ली से भी दूर रहूँगी। क्या मुझे दक्षिण भारतीय जुबान सीखनी होगी?

□

8

सिड की बीबी, शायद ?

मई 2020

नई दिल्ली के इंदिरा गांधी इंटरनेशनल हवाई अड्डे से शुक्रवार, 1 मई को सुबह 6.35 बजे इंडिगो एयरलाइंस के विमान ने टेक ऑफ किया और अपने निर्धारित समयानुसार 9.25 बजे कोयंबटूर हवाई अड्डे पर उतर गया।

आयशा ने सफेद लेस वाली हाईनेक मिडी ड्रेस के साथ धूसर लाल रंग के चौड़े 'टो' वाले बूट पहने थे। पहली मुलाकात में उसने सिड को बूट पहने देखा था, इसलिए उसने भी पहली बार बूट खरीदे थे। इससे पहले उसने कभी बूट नहीं पहने थे।

सिड एराइवल हॉल में खड़ा उसका इंतजार कर रहा था। उसके चारों ओर सेल्फी या ऑटोग्राफ लेनेवालों की भीड़ थी। उसने हलके नीले रंग की ब्लीच की गई डेनिम चीनों के साथ लाल रंग के कैनवास लोफर पहने थे। आदमी बहुत ही फैशनेबल है।

उसने जब रोलर से अपना बैग उठा लिया, तब दोनों टर्मिनल बिल्डिंग से बाहर आए। अब भीड़ और बढ़ने लगी थी। लोग सेल्फी लेने की माँग कर रहे थे। कुछ तो उसकी परमिशन के बिना ही सेल्फी ले रहे थे। वे जो भाषा बोल रहे थे, आयशा उसका एक शब्द भी समझ नहीं पा रही थी। वह निश्चित रूप से बहुत लोकप्रिय भी है। उसने उसके आधे मुँह को ढक दिया, ताकि फोटो में उसके जान-पहचान के लोग उसे पहचान न सकें, क्योंकि यह संभव था कि उसके साथ लिये गए फोटो ऑनलाइन अखबारों में प्रकाशित हो जाएँ। उसका

इतना खयाल रखने के लिए आयशा ने उसे शुक्रिया अदा किया।

बाहर निकलते ही एक चमकदार ताँबई रंग की बी.एम.डब्ल्यू.एक्स. 7 एस.यू.वी. तेजी से आकर उनके पास रुक गई। बड़ी फुरती से ड्राइवर ने उतरकर सामान को गाड़ी के बूट में रखा और भारी ट्रैफिक के बीच तेजी से निकलकर उसने 12:40 तक हॉलीडे होम पहुँचा दिया।

आयशा अपने जेहन में शायद ऐसे ही शांत और रूमानी छुट्टियों की आस लगाए बैठी थी। वह उसे मिल गई थी। बँगले में एक विशाल लिविंग-कम-ड्रॉइंग रूम था, जिसका फर्श लकड़ी का था। सोफे में बारह लोग आराम से बैठ सकते थे और बर्मा टीक से बनी डाइनिंग टेबल में सोलह कुरसियों को और जोड़ा जा सकता था। चार अन्य फर्निश्ड रूम में भी लकड़ी के फर्श के साथ-साथ एयर कडिशनिंग और रूम हीटिंग की व्यवस्था थी।

'हॉलीडे होम' कुन्नूर शहर में स्थित ब्रिटिश हैरिटेज बँगला था, जो चारों ओर से पुराने घने पेड़ों से घिरा हुआ था। बँगले का प्रदूषण-रहित शांत वातावरण दिल व दिमाग को ताजा कर देनेवाला था। पहाड़ी ऊँचाइयों पर वास्तव में यह आश्चर्यजनक और आरामदेह जगह थी।

आयशा अपने जेहन में शायद ऐसे ही शांत और रूमानी छुट्टियों की आस लगाए बैठी थी। वह उसे मिल गई थी। बँगले में एक विशाल लिविंग-कम-ड्रॉइंग रूम था, जिसका फर्श लकड़ी का था। सोफे में बारह लोग आराम से बैठ सकते थे और बर्मा टीक से बनी डाइनिंग टेबल में सोलह कुरसियों को और जोड़ा जा सकता था। चार अन्य फर्निश्ड रूम में भी लकड़ी के फर्श के साथ-साथ एयर कडिशनिंग और रूम हीटिंग की व्यवस्था थी। चारों कमरे आकर्षक और खुशबूदार विशाल बाग में खुलते थे और चाय बागानों के विहंगम दृश्य प्रस्तुत करते थे। बँगले के फर्नीचर को देखकर लगता था कि वह पुराना बँगला है; लेकिन देखने से वह स्वच्छ और परिष्कृत लगता था। चादर, परदे, टेबल कवर आदि बिल्कुल नए

थे। इसके अलावा एयर कंडीशनर, ऑडियो-वीडियो और 'वाईफाई' का साजो-सामान तथा डबल डोर रेफ्रिजरेटर वगैरह सब नए थे।

सिड ने पहले ही 'केयर टेकर-कम-शेफ' को परंपरागत साउथ इंडियन लंच तैयार करने को कह दिया था। लंच की विशेषताओं में हलके मसालेदार फ्राइड फिश (तली मछली) और ज्यादा मसालेदार मटन करी (शोरबा के साथ गोश्त) थी। शेष व्यंजनों में सांबर, रसम, चपाती, चावल के साथ खाने को और जायकेदार बनानेवाले अनेक पदार्थ भी थे; जैसे—पापड़, चटनी, अचार आदि, जिन्हें बीबी ने पहले कभी चखा तक नहीं था। उसने हिंदुस्तान में भी ऐसा खाना नहीं खाया था। ले-देकर जो साउथ इंडियन खाना वह जानती थी, वह डोसा, इडली, वडा या उत्तपम था, जो सांबर या रसम के साथ खाया जाता है। लेकिन यह तो वाकई मजेदार खाना है। लंच के साथ 'फ्रेंच चार्डोने' (फ्रांस की सफेद वाइन) को सर्व किया (परोसा) गया था। इस जिंदगी को तो वह आसानी से अपना लेगी।

लंच खत्म होते-होते दोपहर के 2.30 बज गए। सिड ने अपने और आयशा के लिए अलग-अलग बेडरूमों का इंतजाम करवाया था। लंबी हवाई यात्रा और कार के सफर के साथ वाइन के खुमार ने उसकी आँखों को बोझिल कर दिया था। वह पलंग पर लेटते ही सो गई। जब उसकी आँखें खुलीं तो शाम के 5.15 बज रहे थे। उसने अपनी ड्रेस को बदला।

खाने के समय सिड ने खुद खाना परोसा था और परोसते समय वह प्रत्येक व्यंजन को बनाने की विधि के साथ उनमें पड़नेवाले मसालों का ब्योरा भी देता रहा था। जाहिर था कि उसे खाना बनाने का शौक है। वह ऐसा ही पति चाहेगी, जो खाना भी बनाता हो।

लंच खत्म होते-होते दोपहर के 2.30 बज गए। सिड ने अपने और आयशा के लिए अलग-अलग बेडरूमों का इंतजाम करवाया था। लंबी हवाई यात्रा और कार के सफर के साथ वाइन के खुमार ने उसकी आँखों

को बोझिल कर दिया था। वह पलंग पर लेटते ही सो गई। जब उसकी आँखें खुलीं तो शाम के 5.15 बज रहे थे। उसने अपनी ड्रेस को बदला। उसने चटख पीले रंग की चुन्नटदार पॉपलिन की ड्रेस पहनी, जिसके गले की गोलाई नीचे तक जाती थी और लंबाई घुटनों से चार इंच पहले समाप्त हो जाती थी। क्या वह उसे फुसला सकेगी ?

वह जब बेडरूम से बाहर निकली तो उसने देखा कि सिड ड्रॉइंग रूम में बैठा सोनी के 65 इंच चौड़े स्क्रीन वाले टी.वी. में शायद 'मूवी क्लिप्स' के रशज (गैर-संपादित फिल्म) देख रहा है। उसने टी.वी. को धीमा करके बताया कि वह एक अंडर प्रोडक्शन फिल्म के सीन (दृश्य) देख रहा है। अभी सिर्फ दो-तिहाई फिल्म ही शूट हुई है, इसलिए वह रिव्यू (निरीक्षण) कर रहा है कि कहीं उन दृश्यों को फिर से शूट करने की जरूरत तो नहीं है ?

उन्होंने स्थानीय चाय बागान की ताजा पत्तियों से बनी चाय पी और बँगले के चारों ओर फैले हरे-भरे मैदानों में घूमने चले गए। लौटते वक्त वे बँगले के सबसे ऊँचे पॉइंट (स्थल) पर पहुँचे, जहाँ से उन्होंने सूर्यास्त के खूबसूरत दृश्य को देखा। उसके बाद करीब डेढ़ घंटे उन्होंने सिड की फिल्मों के दृश्य देखने में बिताए।

उन्होंने स्थानीय चाय बागान की ताजा पत्तियों से बनी चाय पी और बँगले के चारों ओर फैले हरे-भरे मैदानों में घूमने चले गए। लौटते वक्त वे बँगले के सबसे ऊँचे पॉइंट (स्थल) पर पहुँचे, जहाँ से उन्होंने सूर्यास्त के खूबसूरत दृश्य को देखा। उसके बाद करीब डेढ़ घंटे उन्होंने सिड की फिल्मों के दृश्य देखने में बिताए। सिड ने दृश्यों को रोक-रोककर आयशा को सीन के बारे में ट्रांसलेट करके बताया। वह एक अच्छा ऐक्टर है। अच्छा ही नहीं, बहुत बड़ा भी है।

डिनर लगभग लंच जैसा ही था। सिर्फ फ्राइड फिश की जगह लजीज कबाब थे। इसके अलावा मटन करी (गोश्त-शोरबा) और कम मसालेवाली

चिकन करी (शोरबे के साथ मुरगा) थी। चपाती की जगह अप्पम थे, जो वह पहली बार खा रही थी। डिनर के साथ फ्रांस की मशहूर रेड वाइन थी। सिड अपनी वाइन बड़े यत्न से चुनता है।

लंच में ली गई आधी बोतल 'वाइट वाइन' और डिनर की आधी बोतल 'रेड वाइन' का खुमार अब आयशा पर हावी होने लगा था। सभी नौकर व बैरे किचन में अंदर थे और दरवाजा बंद था। उसने सिड का हाथ अपने हाथों में ले लिया। बदले में वह उसके हाथों को सहलाने लगा। वह उसे वह खुशी-खुशी और ढील देती गई। सिड उसके पास आ गया और आगे बढ़कर उसने उसकी गरदन को चूम लिया। इस चुंबन ने उसके पूरे बदन में कंपन शुरू कर दिया। उसने पीछे से उसके सिर को पकड़कर अपने पास घुमाया और फिर दोनों के होंठ जा मिले। उसकी जीभ उसके मुँह के अंदर लुप्त हो गई। कई मिनटों तक दोनों एक-दूसरे के गले लगकर एक-दूसरे के बदन से खेलते और चूमते रहे।

लंच में ली गई आधी बोतल 'वाइट वाइन' और डिनर की आधी बोतल 'रेड वाइन' का खुमार अब आयशा पर हावी होने लगा था। सभी नौकर व बैरे किचन में अंदर थे और दरवाजा बंद था। उसने सिड का हाथ अपने हाथों में ले लिया। बदले में वह उसके हाथों को सहलाने लगा। वह उसे वह खुशी-खुशी और ढील देती गई।

सिड ने बताया कि वह एक अच्छी 'किसर' है। उसने भी उसकी तारीफ की। उसे यह बताते हुए संकोच हो रहा था कि इससे पहले उसने सिर्फ एक आदमी को 'किस' किया था, चौदह साल पहले पाकिस्तान में। वह उसका कॉलेज का प्रेमी था।

"आज की रात यहीं खत्म करते हैं।" सिड ने एकाएक कहा। वह इसकी उम्मीद नहीं कर रही थी। वह सोच रही थी कि वह उसे अपने बेडरूम में ले जाने की कोशिश करेगा। क्या उसे दिलचस्पी नहीं है?

"ठीक है, गुडनाइट!" उसने एक आखिरी 'किस' के लिए उस तक बढ़ते हुए कहा। ओह, क्या ही अच्छा होता, यदि यह सबकुछ मिनटों या कुछ घंटों तक और चलता रहता।

अगले दो दिनों में उसने अपने सपनों के बारे में बताया कि वह फिल्म स्टार बनना चाहती है, एक आदर्श पति ढूँढ़ना चाहती है और हिंदुस्तान में बस जाना चाहती है। उसने हिंदुस्तान और पाकिस्तान के बीच फर्कों को बताया। उसकी बातों से यह सब जानकर उसे बहुत आश्चर्य हुआ। दोनों ने अपने परिवारों, अपने बचपन, अपने शौकों, पसंद और नापसंदों को बताया।

सिड ने बताया कि उसका सबसे बड़ा भाई भारतीय सेना में लेफ्टिनेंट जनरल है। आज जिस कमान की जिम्मेदारियों को वह सँभाल रहा है, उसके लिहाज से वह टॉप की पंद्रह पोस्टों में गिनी जाती है। अभी उसकी उम्र चौवन साल है और ताज्जुब नहीं कि वह एक दिन आर्मी चीफ बन जाए। उसके पिता भी लेफ्टिनेंट जनरल की पोस्ट से रिटायर हुए थे।

रविवार को वे ऊटी गए, जो कुन्नूर से बड़ा शहर है और सैलानियों का केंद्र है। वह भीड़भाड़ और शोर-शराबे में भी कुन्नूर से बड़ा है। उसने वहाँ जाने से पहले आयशा को हिदायत दे दी थी कि फोटोग्राफरों और उसके चाहनेवालों से अपने को छिपाने के लिए वह सलवार व कमीज पहने और दुपट्टे से अपने आधे मुँह को ढक ले। उन्होंने दोपहर का लंच 190 साल पुराने हैरिटेज होटल 'द सेवॉय' में किया।

वे कुन्नूर के मशहूर स्थलों को देखने गए। वह उसे एक चाय फैक्टरी में ले गया, जहाँ उसने दिखाया कि चाय कैसे बनती है।

रविवार को वे ऊटी गए, जो कुन्नूर से बड़ा शहर है और सैलानियों का केंद्र है। वह भीड़भाड़ और शोर-शराबे में भी कुन्नूर से बड़ा है। उसने वहाँ

जाने से पहले आयशा को हिदायत दे दी थी कि फोटोग्राफरों और उसके चाहनेवालों से अपने को छिपाने के लिए वह सलवार व कमीज पहने और दुपट्टे से अपने आधे मुँह को ढक ले। उन्होंने दोपहर का लंच 190 साल पुराने हैरिटेज होटल 'द सेवॉय' में किया। लंच में उन्होंने साधारण पास्ता लिया। 'सेवॉय' अनेक सिंगल स्टोरी बिल्डिंग्स से बना होटल है, जिनकी स्लोपिंग छतें लाल टाइल्स से चमकती हैं। वाइन के लिए उन्हें होटल में उपलब्ध स्टॉक पर निर्भर रहना पड़ा था।

"चेन के साथ सोए बिना ही मैंने इस जानकारी को हासिल किया है। मैंने उसे बस यहाँ छूने दिया···"

सोमवार को एक बढ़िया ब्रेकफास्ट, जिसमें अंडे, टोस्ट, दलिया और ताजे संतरे का जूस शामिल था, के बाद उन्होंने कोयंबटूर का वापसी का सफर शुरू किया।

हवाई अड्डे से कुछ किलोमीटर पहले सिड ने बीबी को अपने दोस्त की कार में बैठा दिया, क्योंकि वह नहीं चाहता था कि उसके 'फैंस' उन्हें साथ जाते हुए देखें और फोटो लें। वह जानता था कि अनेक लोग कोयंबटूर हवाई अड्डे पर उसका इंतजार कर रहे होंगे।

अगले तीन महीनों के दौरान सिड सात बार उससे मिलने दिल्ली गया। हर बार वह उसके होटल में उससे मिली और हर बार उन्होंने पुरजोश संभोग किया। लेकिन वह कब कहेगा कि वह उसे प्यार करता है? और इससे भी ज्यादा खास बात, वह कब उससे सवाल करेगा?

□

9

इंग्लैंड के लिए रवानगी ?

जून 2020

सात महीनों तक लगातार मिलते रहने के बाद फारूक हुसैन और कात्या पेट्रोव ने सेंट पीटर्सबर्ग जाने का कार्यक्रम बनाया। ब्रिगेडियर को रूस की गरमी ठीक-ठाक ही लगी थीं।

बहुत दिनों बाद ब्रिगेडियर को इतना मजेदार वीकेंड मनाने का मौका मिला। कात्या सिर्फ बिस्तर की बेहतरीन खिलाड़ी नहीं है, बल्कि एक समझदार और चंचल दोस्त के अलावा हँसी-मजाक की बारीकियों को समझनेवाली एक संभ्रांत महिला भी है। उसने उससे पूछा कि क्या वह कभी किसी पाकिस्तानी से शादी करने की बात सोच सकती है ?

"फारूक, मैं तुमसे शादी करना चाहूँगी; लेकिन जो कुछ मैंने पाकिस्तान के बारे में सुना है, खासतौर पर इस बारे में कि···मैं नहीं समझती कि मैं तुम्हारे देश में रह पाऊँगी···मेरा मतलब है, क्या मैं गरमी में वहाँ मिनी स्कर्ट पहन पाऊँगी ?"

"और अगर हम इंग्लैंड चले जाएँ ?" हुसैन ने अपनी कई मौसियों, चाचा-ताऊओं और चचेरे भाइयों के बारे में बताया, जो इंग्लैंड में रहते हैं। कात्या ने भी बताया कि उसके भी कुछ रिश्तेदार वहाँ रहते हैं।

"यह हो सकता है, मेरी जान!"

उन्होंने अपने भावी कॅरियर के बारे में चर्चा की, जिन्हें वे शादी के बाद इंग्लैंड जाने के बाद शुरू कर सकते हैं।

"चलो, हम कुछ वक्त ले लेते हैं, यह सोचने के लिए कि यह सब कैसे मुमकिन हो सकता है। मुझे तो पक्का यकीन है कि मुझे यह नौकरी छोड़नी पड़ेगी, क्योंकि मेरी इस नौकरी में अपने मन के मुताबिक रहने की जगह का फैसला मैं खुद नहीं कर सकता।" बहुत सोच-विचार के बाद पाकिस्तानी सेना अधिकारी और जासूस ने कहा।

कात्या ने तब भी कोई संकेत नहीं दिया कि वह एफ.एस.बी. की अफसर है। उसे बहुत जबरदस्त ट्रेनिंग दी गई थी। लेकिन उसने हुसैन पर विश्वास करना शुरू कर दिया था, विशेष रूप जब से उसने उसकी जॉब के बारे में पूछना बंद कर दिया था। यहाँ तक कि वह अपने बॉस के साथ इंडिया के तीन दिन के ट्रिप से वापस भी आ गई और उसने पूछा तक नहीं, हालाँकि हुसैन जानता था। उसने यह भी उम्मीद की कि जब समय आएगा तो शायद वह इंडिया के बारे में कुछ गोपनीय बातें, जो उसके हाथ लगें, वह खुद ही बताएगी।

कात्या ने तब भी कोई संकेत नहीं दिया कि वह एफ.एस. बी. की अफसर है। उसे बहुत जबरदस्त ट्रेनिंग दी गई थी। लेकिन उसने हुसैन पर विश्वास करना शुरू कर दिया था, विशेष रूप जब से उसने उसकी जॉब के बारे में पूछना बंद कर दिया था। यहाँ तक कि वह अपने बॉस के साथ इंडिया के तीन दिन के ट्रिप से वापस भी आ गई और उसने पूछा तक नहीं, हालाँकि हुसैन जानता था।

वह अंदर से बहुत परेशान था। वह उस रूसी औरत से प्यार कर बैठा है, जिसको उसके बॉस लोग 'डबल एजेंट' बनाने को कह रहे थे और वह अब गंभीरता से उसके साथ इंग्लैंड चले जाने की बात सोचने लगा था।

वह यह भी जानता था कि तीन साल होते-होते उसे हेडक्वार्टर्स में बुला लिया जाएगा और कागजों व फाइलों में उलझने के लिए वह अब पाकिस्तान में नहीं रहना चाहता। इंग्लैंड की जिंदगी उससे कहीं अच्छी होगी और वह जासूस के रूप में रिटायर नहीं होना चाहता, क्योंकि अनेक जासूस

रिटायरमेंट के बाद अपने पूर्व दुश्मनों द्वारा परेशान किए जाते रहे हैं, और वह अपने लिए यह हरगिज नहीं चाहता।

कितनी जल्दी वह फैसला करे ? क्या मालूम, आई.एस.आई. हेडक्वार्टर्स कब उसका तबादला रूस के बाहर कर दे !

□

10

आई.एस.आई. के आदेश

जुलाई 2020

आठ महीनों से ज्यादा की अवधि में इमरान-उल-हक और वांग ली हफ्ते में एक या दो बार मिलते रहे। पहले इस्लामाबाद के सेरेना होटल में और बाद में उसके नए अपार्टमेंट में, जो चीनी दूतावास ने अंततः वांग ली के लिए ढूँढ़ा था। यह अपार्टमेंट 'एफ-11 मर्कज मार्केट' के पास स्थित था, जिसमें अटैच्ड बाथरूम सहित दो बेडरूम, बैठने के लिए दो अलग इनक्लोजर वाले लाउंज के साथ ओपन प्लेन किचन थी। अपार्टमेंट में जाने के लिए 24 घंटे सिक्योरिटी का पहरा था। हालाँकि यहाँ से चीनी दूतावास तक 45 मिनट से ज्यादा की ड्राइव थी, फिर भी ली ने बारह अन्य जगहों के मुकाबले इसे ही पसंद किया था।

ली का प्रमुख काम चूँकि पाकिस्तानी विदेश मंत्रालय तक सीमित था और उसमें संपर्क के लिए हक प्रमुख व्यक्ति था, इसलिए उसे पाकिस्तानी प्रतिष्ठान में उससे अच्छा अन्य व्यक्ति नजर नहीं आया।

लेकिन ली में एक कमजोरी थी। हक ने महसूस किया था कि कुछ 'ड्रिंक्स' के बाद बिना किसी ज्यादा कठिनाई के वह अपने दूतावास की खबरें बता देती थी। कई बार वे गोपनीय सूचनाएँ पाकिस्तान की इंटेलिजेंस के लिए काफी उपयोगी साबित हो चुकी थीं। ये सब बातें उसने अपने बॉस विदेश सचिव को बताईं। अगले दिन हक को आई.एस.आई. हेडक्वार्टर्स में बुलाया गया।

आई.एस.आई. हेडक्वार्टर्स में अनेक कम ऊँचाई की बिल्डिंग्स थीं, जिनके बीच-बीच में छोटे मैदान और फव्वारे थे। प्रवेश बहुत गोपनीय था। कहीं कोई संकेत नहीं था, सिर्फ सादे कपड़ों में पैंट की जेब के पास पिस्तौल दबाए अफसर बैरियर्स और सूँघनेवाले कुत्तों के माध्यम से दिशा-निर्देशन करते थे। हक को केंद्रीय इमारत का पता लगाने में ज्यादा वक्त नहीं लगा, जिसके टॉप फ्लोर में डायरेक्टर जनरल का दफ्तर था। आधुनिक निर्माण की इस इमारत में गूँजनेवाली गोल लॉबी थी।

आई.एस.आई. बहुत धनी संगठन है। सन् 1980 के दशकों में अमेरिका सोवियत रूस के खिलाफ लड़नेवाले मुजाहिदीन विद्रोहियों की सहायता के लिए जो पैसा पाकिस्तान को भेजा जाता था, उसमें से कई अरब डॉलर आई.एस.आई. ने हड़प लिये थे, क्योंकि वह पैसा अमेरिका अपनी खुफिया एजेंसी सी.आई.ए. की मार्फत पाकिस्तान की खुफिया एजेंसी आई.एस. आई. को भेजा करता था।

आई.एस.आई. बहुत धनी संगठन है। सन् 1980 के दशकों में अमेरिका सोवियत रूस के खिलाफ लड़नेवाले मुजाहिदीन विद्रोहियों की सहायता के लिए जो पैसा पाकिस्तान को भेजा जाता था, उसमें से कई अरब डॉलर आई.एस.आई. ने हड़प लिये थे, क्योंकि वह पैसा अमेरिका अपनी खुफिया एजेंसी सी.आई.ए. की मार्फत पाकिस्तान की खुफिया एजेंसी आई.एस.आई. को भेजा करता था। इस पैसे से आई.एस.आई. ने अपने को बढ़ाकर तथाकथित अफीम की खेती और विदेशों में निर्यात जैसे गैर-कानूनी व्यापार में लगाया और खूब दौलत कमाई। सी.आई.ए. का एक भूतपूर्व अधिकारी दावे के साथ कहा करता था कि वर्ष 1980 से लेकर 1987 तक आई.एस.आई. का मुखिया पेशावर में ओसामा-बिन-लादेन से नियमित रूप से मिलता था। कहा जाता है कि आई.एस.आई. और ओसामा-बिन-लादेन ने आपस में मिलकर अफगानिस्तान के कबीलाई लड़ाकू गिरोहों के मुखियाओं पर अफीम के व्यापार पर टैक्स देने के लिए दबाव डालते थे। सन् 1985 तक

बिन-लादेन और आई.एस.आई. तथाकथित 10 करोड़ डॉलर के सालाना मुनाफे का बँटवारा करने में लगे रहे थे। व्यापक रूप से यह भी विश्वास किया जाता है कि आई.एस.आई. पाकिस्तान के एबोटाबाद में बिन-लादेन की हिफाजत करता था, जहाँ बाद में चलकर मई 2011 में वह अमेरिका द्वारा मारा गया था।

आई.एस.आई. स्टेट के अंदर एक स्टेट है, जिसकी सरकार में किसी के प्रति जवाबदेही नहीं है। उसका डायरेक्टर जनरल अकसर आर्मी का लेफ्टिनेंट जनरल होता है, जो केवल पाकिस्तान के चीफ ऑफ आर्मी स्टाफ को रिपोर्ट करता है। पाकिस्तान में आई.एस.आई. सरकार से ज्यादा शक्तिशाली मानी जाती है।

आजादी के बाद 73 वर्षों में 30 से ज्यादा वर्षों तक पाकिस्तान पर सैन्य तानाशाहों ने शासन किया है।

हक से मिलने के लिए आई.एस.आई. के डायरेक्टर जनरल अयूब इलाही के साथ विदेशी संबंधों के विभाग का डिप्टी डायरेक्टर जनरल मेजर जनरल फजल मिर्जा भी मौजूद था। आई.एस.आई. के तीन डिप्टी डायरेक्टर जनरल हैं। दूसरे दो में गृह और विदेश विभाग हैं।

हक से मिलने के लिए आई.एस.आई. के डायरेक्टर जनरल अयूब इलाही के साथ विदेशी संबंधों के विभाग का डिप्टी डायरेक्टर जनरल मेजर जनरल फजल मिर्जा भी मौजूद था। आई.एस.आई. के तीन डिप्टी डायरेक्टर जनरल हैं। दूसरे दो में गृह और विदेश विभाग हैं।

"जनाब, इस चीनी औरत से आपका मामला कब से चल रहा है?" मिर्जा ने सीधा सवाल किया।

"सर, करीब आठ महीने से।"

"क्या वह आपके प्यार में गिरफ्त है?" इस बार इलाही का सवाल था।

"लगता तो है, सर!"

“आशा करें कि अगले महीने तक वह बच्चा पैदा करने नहीं जा रही है!”

“नहीं सर! बात यह है कि मैं प्रिकॉशंस लेता (एहतियात बरतता) रहा हूँ।”

“आशा करें कि अगले महीने तक वह बच्चा पैदा करने नहीं जा रही है!”

“नहीं सर! बात यह है कि मैं प्रिकॉशंस लेता (एहतियात बरतता) रहा हूँ।”

“वे प्रिकॉशंस अमेरिकन थे या पाकिस्तानी ?”

“जी⋯मैं⋯ ”

“आप जरूर जानते होंगे कि हमारी आर्मी कंडोम बनाती है ?”

“यस सर! मैं जानता हूँ और मैं सिर्फ पाकिस्तानी प्रिकॉशंस ही इस्तेमाल करता रहा हूँ।” इलाही और मिर्जा जान गए कि हक झूठ बोल रहा है।

“वे प्रिकॉशंस अमेरिकन थे या पाकिस्तानी ?”

“जी⋯मैं⋯ ”

“आप जरूर जानते होंगे कि हमारी आर्मी कंडोम बनाती है ?”

“यस सर! मैं जानता हूँ और मैं सिर्फ पाकिस्तानी प्रिकॉशंस ही इस्तेमाल करता रहा हूँ।” इलाही और मिर्जा जान गए कि हक झूठ बोल रहा है।

“आपने फॉरेन सेक्रेटरी को बताया कि उसकी जबान बहक जाती है ?”

“यस सर!”

चीफ ने बात आगे बढ़ाते हुए सवाल किया, “क्या आप सोचते हैं कि यदि उससे कहा जाए तो क्या वह हमारे लिए चीन की जासूसी करने को तैयार हो जाएगी ?”

“सर, बात यह है कि मैं इसके बारे में भरोसे के साथ कुछ नहीं कह सकता।”

“चलो, कोशिश करके देखते हैं। उससे कहिए कि पाकिस्तान में टॉप एम.एस.एस. के जासूस का नाम बताए। चूँकि हम उसे जानते हैं, इसलिए हमें पता चल जाएगा कि वह कितना सच बोलती है।” एम.एस.एस. (मिनिस्ट्री

ऑफ स्टेट सिक्योरिटी) चीन की विदेश इंटेलिजेंस एजेंसी है और इस प्रकार वह आई.एस.आई. का चीनी प्रतिरूप है।

"ठीक है, सर! इसके लिए मुझे कितने दिन मिलेंगे?"

"48 घंटे।"

हक को मुँह का थूक गटकना पड़ा। उसे आज जाकर पता चला कि आई.एस.आई. से लोग डरते क्यों हैं? इमारत से बाहर जाते हुए उसने ली को फोन किया और शाम को मुलाकात का वक्त तय कर लिया। वह 7.30 बजे आई.एस.आई. द्वारा मुहैया कराई गई सबसे तेज स्कॉच की दो बोतलों के साथ ली के अपार्टमेंट में पहुँच गया। 9.15 बजे तक ली काफी नशे में आ गई थी। उसकी जबान बहकने लगी और बड़ी आसानी से उसने पाकिस्तान में चीन के सबसे बड़े जासूस का नाम 'चेन योंग' बता दिया।

हक को मुँह का थूक गटकना पड़ा। उसे आज जाकर पता चला कि आई.एस.आई. से लोग डरते क्यों हैं? इमारत से बाहर जाते हुए उसने ली को फोन किया और शाम को मुलाकात का वक्त तय कर लिया। वह 7.30 बजे आई.एस.आई. द्वारा मुहैया कराई गई सबसे तेज स्कॉच की दो बोतलों के साथ ली के अपार्टमेंट में पहुँच गया।

अगले दिन हक भरपूर मुसकराहट के साथ आई.एस.आई. के हेडक्वार्टर्स में मेजर जनरल मिर्जा के रू-बरू था। उसने नाम बता दिया।

"यह काम तो जल्दी हो गया। काफी आसान भी था, इमरान भाई!" मेजर जनरल ने उसकी मुसकराहट को विराम देते हुए कहा, "तुम्हारा अगला काम जरा मुश्किल है। पता करो कि पाकिस्तान में कुल कितने एम.एस.एस. एजेंट हैं? इस बार तुम्हारे पास एक हफ्ता है।"

"डार्लिंग, यह सब जानने की तुम्हें जरूरत क्या है?" ली ने हक से तब पूछा था, जब उसने उससे यह सवाल किया था। हक ने फौरन पहले से सोचा-समझा जवाब दे दिया।

"मैं तुम्हारे सवाल का जवाब नहीं दे सकती; लेकिन डार्लिंग, मैं पता करने की तरकीब जरूर जानती हूँ। मुझे उसके साथ एक रात गुजारनी होगी। बहुत दिनों से उसकी नजरें मुझ पर हैं। मैं जानती हूँ, वह मुझे बता देगा। तुम्हें बुरा तो नहीं लगेगा?"

हक को बहुत देर तक सोचना पड़ा। फिर बोला, "क्या ऐसा नहीं हो सकता कि तुम 'फ्लर्ट' करके उसे खूब पिला दो और मदहोशी में यह जानकारी उससे ले लो, लेकिन संभोग न करो?"

"अव...व...मैं जानती थी कि तुम मेरा दूसरे के साथ सोना पसंद नहीं करोगे।" नशे में लड़खड़ाती जबान से वह इतना ही कह पाई।

छह दिन बीत गए। हक और ली इस दौरान दो बार मिले, लेकिन हक ने जानबूझकर इस मसले पर बात नहीं की। और तब उसका फोन आया। वह उस शाम उससे मिलना चाहती थी। ली ने जब अपने अपार्टमेंट का दरवाजा खोला, तब उसने आधे पारदर्शी अंडरवियर के सिवाय कुछ भी नहीं पहना था।

छह दिन बीत गए। हक और ली इस दौरान दो बार मिले, लेकिन हक ने जानबूझकर इस मसले पर बात नहीं की। और तब उसका फोन आया। वह उस शाम उससे मिलना चाहती थी। ली ने जब अपने अपार्टमेंट का दरवाजा खोला, तब उसने आधे पारदर्शी अंडरवियर के सिवाय कुछ भी नहीं पहना था।

"मैंने चेन से उसके साथ सोए बगैर जानकारी हासिल कर ली। मैंने उसे सिर्फ अपने उरोजों तक ही खेलने दिया। लेकिन मैं तुम्हें तभी बताऊँगी, जब तुम आज की रात मुझसे तीन बार संभोग करोगे।"

सौभाग्यवश, अपनी पहली मुलाकात के बाद जब भी वह ली से मिलने जाता तो 'वियाग्रा' साथ रखना कभी नहीं भूलता था। बारह साल उमर कम होने की वजह से जाहिर था कि ली में ताकत ज्यादा थी। आज उसने बहुत कम पी थी और आखिरकार, उस चीनी औरत की प्यास को तीन बार बुझाने में कामयाब हो गया। और उसे जानकारी मिल गई।

"अरे वाह! यह तो हमारी उम्मीदों से दुगुना हो गया।" ये मेजर जनरल मिर्जा के उद्गार थे, जब हक जानकारी के साथ उससे मिलने गया था।

"बहुत अच्छे, इमरान भाई! मैं देखूँगा कि चीफ प्रधानमंत्री से तुम्हारे प्रमोशन के बारे में बात करें।"

"शुक्रिया, सर!"

"तुम मुझे 'फजल भाई' कह सकते हो। आगे आनेवाले दिनों में हमें मिलकर बहुत काम करना है, खासतौर पर जब तुम विदेश सचिव बन जाओगे।"

"शुक्रिया, फजल भाई!"

हक अपनी हँसी को छिपा नहीं पाया। आई.एस.आई. चीफ प्रधानमंत्री से उसके नाम की सिफारिश करेगा। यह सब महज एक बहकती जबान वाली खूबसूरत और सेक्सी चीनी औरत के नाम पर।

□

11

आतंक का फिर से हमला

सोमवार, 20 जुलाई, 2020

"ब्रेकिंग न्यूज, कश्मीर में भारतीय सेना के बेस पर जबरदस्त हमला, 50 से ज्यादा के मरने की खबर।" भारत का एक टी.वी. चैनल सुबह 7 बजे से चीखे जा रहा था।

"ब्रेकिंग न्यूज में ताजा खबर : आतंक के एक और हमले में 60 से ज्यादा भारतीय जवानों के शहीद होने की खबर।" एक अन्य टी.वी. चैनल का समाचार था।

"उरी में पाकिस्तानी आतंकियों के एक और हमले में भारतीय सेना के 65 जवान शहीद हुए।" तीसरे टी.वी. चैनल की खबर थी।

"ब्रेकिंग न्यूज : आतंक का फिर से हमला।" सबसे छोटी हेडलाइन की खबर चौथे चैनल ने प्रसारित की।

आज तड़के सुबह जम्मू व कश्मीर में एल.ओ.सी. के निकट उरी स्थित भारतीय सेना के ब्रिगेड हेडक्वार्टर्स पर आतंकियों के हमले में 1 ब्रिगेडियर, 1 कर्नल और 2 मेजर सहित 6 अधिकारी और 77 जवान शहीद हुए। इसके अतिरिक्त 90 से ज्यादा जवान घायल हो गए।

उनमें से एक बत्तीस वर्षीय मेजर भारतीय सेना के चीफ ऑफ आर्मी स्टाफ जनरल सुखबीर सिंह का बेटा था।

भारतीय सेना के इतिहास में एक आतंकी हमले में इतना बड़ा नुकसान कभी नहीं हुआ। सन् 2010 में दंतेवाड़ा में नक्सली माओवादियों के हमले

में सी.आर.पी.एफ. (सेंट्रल रिजर्व्ड पुलिस फोर्स) के 70 जवान मारे गए थे; लेकिन भारतीय सेना ने ऐसे भीषण आतंकी हमले का मुकाबला कभी नहीं किया था।

पिछले तीन वर्षों में उरी के इसी आर्मी बेस पर यह तीसरा हमला था। 18 सितंबर, 2016 को हुए पहले हमले में 17 भारतीय जवान शहीद हुए और करीब 25 घायल हुए थे। उसके ठीक ग्यारह दिन बाद तत्कालीन प्रधानमंत्री कडक मेहता के आदेश पर भारतीय सेना ने एल.ओ.सी. के पार जाकर पाकिस्तान अधिकृत कश्मीर (पी.ओ.के.) में स्थित आतंकियों के अड्डों पर सर्जिकल ग्राउंड स्ट्राइक करके लगभग 60 आतंकियों को मार गिराया था।

जैसे ही भारतीय सेना के जवानों व अधिकारियों का ध्यान उन बैरकों की ओर गया, आतंकियों ने तीन ग्रुप बनाकर आर्मी बेस को उत्तर, पूर्व एवं पूर्वोत्तर की ओर से घेर लिया चीनी व रूसी रॉकेटों से ताबड़तोड़ हमला कर दिया। रॉकेट छोड़ने के लिए उन्होंने चीन के क्यू.एल. जेड-04 35×32 एम.एम. और रूस के आर.पी.जी.-7 40 एम.एम. रॉकेट प्रोपेल्ड ग्रेनेड लॉञ्चर्स का इस्तेमाल किया।

आज के आतंकी हमले में 12 आतंकवादियों ने तड़के सुबह 2.10 बजे चार रिमोट कंट्रोल्ड रोबोट्स को सुसाइड बॉम्बर्स के रूप में भेजकर पहले भ्रम फैलाया। ये रोबोट बेस के दक्षिण और दक्षिण-पश्चिम की ओर स्थित आवासीय बैरकों में जाकर स्वयं ध्वस्त हो गए।

जैसे ही भारतीय सेना के जवानों व अधिकारियों का ध्यान उन बैरकों की ओर गया, आतंकियों ने तीन ग्रुप बनाकर आर्मी बेस को उत्तर, पूर्व एवं पूर्वोत्तर की ओर से घेर लिया, चीनी व रूसी रॉकेटों से ताबड़तोड़ हमला कर दिया। रॉकेट छोड़ने के लिए उन्होंने चीन के क्यू.एल. जेड-04 35×32 एम.एम. और रूस के आर.पी.जी.-7 40 एम.एम. रॉकेट प्रोपेल्ड ग्रेनेड लॉञ्चर्स का इस्तेमाल किया।

सुसाइड रोबोट्स द्वारा ध्यान बँट जाने के कारण जब आतंकियों ने ग्रेनेड हमले के साथ-साथ जर्मन और रूसी असाल्ट राइफलों व मशीनगनों से हमला जारी रखा तो भारतीय सेना सकते में आ गई। यह लड़ाई लगभग आठ घंटे तक चली। आर्मी बेस के जवानों ने अपने नुकसान के बावजूद 7 आतंकवादियों को मार गिराया, जिसके परिणामस्वरूप भारतीय सेना इतने बड़े पैमाने पर विदेशी गोला-बारूद के जखीरे को हथिया सकी। उन हथियारों में रूसी ए.के.-47 असाल्ट राइफल, जर्मन हैक्लर एंड कोश, एम.पी. 59×19 एम.एम. पेराबेलम सब मशीनगन के अलावा यू.ए.ई. की एम 4 कार्बाइन असाल्ट राइफलें भी शामिल हैं, जिनकी फायरिंग क्षमता 700 से 800 प्रति मिनट है। इससे यह भी साबित हो गया कि इस आतंकी हमले में पाकिस्तान की सेना का सीधा संबंध था। पाँच आतंकी भागने में सफल हो गए, जिनमें से तीन को दो दिन बाद सी.आर.पी.एफ. ने मार गिराया। दो संभवत: वापस पाकिस्तान भागने में सफल हो गए।

> *इस प्रकार का भीषण गोला-बारूद का हमला आतंकवादी पाकिस्तानी सेना की मदद के बिना अपने बलबूते पर हरगिज नहीं कर सकते थे। सुसाइड रोबोट्स का नाम दुनिया के इस भूभाग में नहीं सुना गया। इसके अलावा, हमले की सामरिक योजना और उस पर अमल करने के युक्ति को देखते हुए भारतीय सेना को यह संदेह हो गया था कि आतंकवादियों के वेश में दरअसल वे पाकिस्तानी सैनिक थे, जिन्होंने हमला किया था। यह पाकिस्तान की तरफ से युद्ध की पहल थी।*

इस प्रकार का भीषण गोला-बारूद का हमला आतंकवादी पाकिस्तानी सेना की मदद के बिना अपने बलबूते पर हरगिज नहीं कर सकते थे। सुसाइड रोबोट्स का नाम दुनिया के इस भूभाग में नहीं सुना गया। इसके अलावा, हमले की सामरिक योजना और उस पर अमल करने के युक्ति को देखते हुए

भारतीय सेना को यह संदेह हो गया था कि आतंकवादियों के वेश में दरअसल वे पाकिस्तानी सैनिक थे, जिन्होंने हमला किया था। यह पाकिस्तान की तरफ से युद्ध की पहल थी।

यह बात तय थी कि ऐसे उन्नत हथियारों को मुहैया कराना और उनका इस्तेमाल करके भारत की हमेशा सतर्क रहनेवाली सेना पर भीषण हमला करना जम्मू व कश्मीर के स्थानीय आतंकवादियों के वश की बात नहीं थी।

जब से नई प्रधानमंत्री ने जम्मू व कश्मीर में आर्म्ड फोर्सेस (स्पेशल पावर्स) ऐक्ट को हटाया है, तब से लेकर अब तक ग्यारह महीनों में जम्मू व कश्मीर में आतंकवादियों का यह नौवाँ हमला था। इस ऐक्ट को हटाए जाने से भारतीय सेना और अर्धसैनिक बलों को अपनी फोर्स में 30 प्रतिशत की कटौती करनी पड़ी थी। इन नौ हमलों में भारतीय सेना, सी.आर.पी.एफ. और बी.एस.एफ. (बॉर्डर सिक्योरिटी फोर्स) के कुल मिलाकर 31 अधिकारी एवं 321 जवान शहीद हुए और 400 से ज्यादा घायल हुए।

जनरल सुखबीर सिंह ने इस हमले के बारे में पर्याप्त इंटेलिजेंस एकत्रित करके चुने हुए वरिष्ठ सैन्य अधिकारियों को शाम 4 बजे इमरजेंसी मीटिंग के लिए बुलाया। एक देशभक्त सैनिक के रूप में उनके पास अपने पुत्र का शोक मनाने के लिए समय नहीं था।

□

12

छह लोगों का दल

सोमवार, 20 जुलाई, 2020

शाम 4 बजे की इमरजेंसी मीटिंग में जनरल सुखबीर सिंह के अतिरिक्त पाँच अन्य अधिकारी थे, जिनमें एयर चीफ मार्शल अनिल कुमार श्रीवास्तव, चीफ ऑफ दि एयर स्टाफ (सी.ए.एस.); एडमिरल अरूप घोष, चीफ ऑफ नेवल स्टाफ; रवि कौशिक, सेक्रेटरी, रिसर्च एंड एनालिसिस विंग (RAW), भारत की विदेश इंटेलिजेंस एजेंसी; सेक्रेटरी, इंटेलिजेंस ब्यूरो (आई.बी.) भारत की इंटर्नल इंटेलिजेंस एजेंसी तथा आतंक-विरोधी एजेंसी और डायरेक्टर जनरल ऑफ सी.आर.पी.एफ.। एडमिरल घोष को गोवा से विशेष विमान द्वारा बुलाया गया, जहाँ वे अपने परिवार के साथ छुट्टियाँ मना रहे थे।

अगले तीन घंटों में सात में से छह लोगों, जो भारत की राष्ट्रीय सुरक्षा के लिए सर्वाधिक जिम्मेदार लोग थे, ने पाकिस्तानी हमले के जवाब में एक सामरिक योजना के प्रारूप को तैयार किया। चीफ ऑफ आर्मी स्टाफ ने राष्ट्रीय सुरक्षा सलाहकार को नहीं बुलाया, क्योंकि उनकी नजर में सुरक्षा सलाहकार नियुक्त होने से पहले वह केवल पुलिस का अधिकारी था और राष्ट्रीय सुरक्षा के बारे में उसे कोई जानकारी नहीं थी।

जनरल सिंह का मानना था कि यह हमला पाकिस्तान का युद्ध जैसा काम है और इसलिए उसकी प्रतिक्रिया-स्वरूप हमें उचित कदम उठाने चाहिए। वे तीनों सुरक्षा सेनाओं सहित पूरे पैमाने पर युद्ध छेड़ देना चाहते थे।

सी.आर.पी.एफ. के डायरेक्टर जनरल उनके निर्णय से सहमत थे।

शुरू में अन्य चार चीफ ऑफ आर्मी स्टाफ के सुझाव से सहमत नहीं थे। एडमिरल घोष का कहना था कि नौ सेना उतनी शक्तिशाली नहीं है, जितना कि उसे होना चाहिए। चार साल से वे सब मेरीन, एयर क्राफ्ट कैरियर्स और कैरियर बेस्ड वॉर प्लेन्स सहित अन्य आधुनिक साजो-सामान खरीदने के लिए सरकारी ऑर्डर्स का इंतजार कर रहे हैं।

एयर चीफ मार्शल श्रीवास्तव का सुझाव था कि पूरे पैमाने पर युद्ध के स्थान पर इंडियन एयर फोर्स (आई.ए.एफ.) आतंकवादी शिविरों के साथ-साथ पाकिस्तान की दो प्रमुख आतंकी संगठनों—जैश-ए-मुहम्मद एवं लश्कर-ए-तैयबा के मुख्यालयों पर लगातार तीन से चार बार हवाई हमला करे। उनकी मंशा भी इस बार का हवाई हमला सत्रह महीने पहले इंडियन एयर फोर्स हमले से ज्यादा भीषण होना चाहिए।

एयर चीफ मार्शल श्रीवास्तव का सुझाव था कि पूरे पैमाने पर युद्ध के स्थान पर इंडियन एयर फोर्स (आई.ए.एफ.) आतंकवादी शिविरों के साथ-साथ पाकिस्तान की दो प्रमुख आतंकी संगठनों—जैश-ए-मुहम्मद एवं लश्कर-ए-तैयबा के मुख्यालयों पर लगातार तीन से चार बार हवाई हमला करे। उनकी मंशा भी इस बार का हवाई हमला सत्रह महीने पहले इंडियन एयर फोर्स हमले से ज्यादा भीषण होना चाहिए।

वर्ष 2019 की 14 फरवरी को जैश-ए-मुहम्मद ने पुलवामा (जे. एंड के.) में सी.आर.पी.एफ. के काफिले पर आतंकी हमला किया था, जिसमें भारत के 44 जवान शहीद हुए थे। उसकी प्रतिक्रिया-स्वरूप भारतीय वायु सेना ने पाकिस्तान के उत्तर-पश्चिमी प्रांत खैबर पख्तूनवा प्रदेश में बालाकोट स्थित जैश-ए-मुहम्मद के ट्रेनिंग कैंपों पर हवाई हमला किया था। 16 फरवरी को सुबह तड़के बारह आई.ए.एफ. मिराज 2000 विमानों ने एल.ओ.सी. पार करके उन कैंपों पर बम गिराए थे। मिराज विमान इजराइल

के स्पाइस 2000 गाइडेंस किट्स सहित पॉपये प्रिसीजन-गाइडेड मिसाइल से सुसज्जित थे।

मिराज विमानों की सहायता के लिए 'नेट्रा और फलकोम ए.ई.डब्ल्यू.ए.सी.' एयरक्राफ्ट, इजराइल के 'आई.ए.आई. हैरोन यू.ए.वी.' विमान तथा दो 'इल्यूशिन 11-78 एरियल' एयरक्राफ्ट ने भी उड़ान भरी थी। हमले से पहले चार 'आई.ए.एफ. सुखोई एस.यू.-30 एम.के. आइस' विमानों ने पाकिस्तान के घनी आबादी वाले शहर बहावलपुर स्थित जैश-ए-मुहम्मद हेडक्वार्टर्स की ओर उड़ान भरी थी। डिकाय के रूप ये विमान सफलतापूर्वक पाकिस्तानी वायु सेना के लड़ाकू विमानों को मेन अटैक स्थल से दूर दक्षिण की ओर ले जाने में कामयाब हुए थे।

इन एयर स्ट्राइक्स (हवाई हमलों) ने अनेक विवादों को जन्म दिया था। भारत सरकार के सूत्रों ने दावा किया था कि हमले में 300 से 350 आतंकी मारे गए, जबकि अंतरराष्ट्रीय मीडिया का समाचार यह दरशाता था कि आई.ए.एफ. की बमबारी से असल में ज्यादा कुछ नुकसान नहीं हुआ। उनकी यह रिपोर्ट 'हाई रेजोल्यूशन सैटेलाइट इमेजरी' पर आधारित थी।

इन एयर स्ट्राइक्स (हवाई हमलों) ने अनेक विवादों को जन्म दिया था। भारत सरकार के सूत्रों ने दावा किया था कि हमले में 300 से 350 आतंकी मारे गए, जबकि अंतरराष्ट्रीय मीडिया का समाचार यह दरशाता था कि आई.ए.एफ. की बमबारी से असल में ज्यादा कुछ नुकसान नहीं हुआ। उनकी यह रिपोर्ट 'हाई रेजोल्यूशन सैटेलाइट इमेजरी' पर आधारित थी। उन रिपोर्ट्स का हवाला देते हुए तत्कालीन विरोधी दलों के अनेक नेताओं ने, जिनमें वर्तमान प्रधानमंत्री नीलिमा गुप्ता भी थीं, मेहता सरकार के दावों को चुनौती दी थी। नीलिमा गुप्ता ने मेहता को 'झूठा और धोखेबाज' तक कहा था। वर्ष 2019 के चुनावों में जीतकर अनेक विरोधी नेताओं ने दावा किया कि मेहता चुनाव इसलिए

हारे, क्योंकि उन्होंने 'बालाकोट के बारे में जनता को बेवकूफ' बनाने की कोशिश की थी।

जैश-ए-मुहम्मद एक देवबंदी विचारधारा वाला जिहादी आतंकी संगठन है, जिसके संस्थापक मौलाना मसूद अजहर को बालाकोट हवाई हमले के बाद संयुक्त राष्ट्र की सुरक्षा परिषद् ने 'ब्लैक लिस्ट' कर दिया था। जैश-ए-मुहम्मद का प्रमुख लक्ष्य जम्मू व कश्मीर का पाकिस्तान में विलय करना है। यह जिहादी संगठन भारत में हुए अनेक आतंकी हमलों के लिए जिम्मेदार रहा है। इनमें सन् 2001 में जम्मू व कश्मीर विधानसभा पर हमला, दिसंबर 2001 में भारतीय संसद् पर हमला, जनवरी 2016 में जम्मू व कश्मीर के पठानकोट आई.ए.एफ. बेस पर हमला और इससे पहले सितंबर 2016 में उरी पर हमला और फरवरी 2019 में पुलवामा पर हमला शामिल हैं। इसके अतिरिक्त, जम्मू व कश्मीर के पठानकोट आई.ए.एफ. बेस पर हमला। इससे पहले सितंबर 2016 में उरी पर हमला, फरवरी 2015 में पुलवामा पर हमले भी शामिल हैं। इसके अतिरिक्त, जम्मू व कश्मीर में पिछले नौ हमलों के साथ-साथ अन्य अनेक छोटे-मोटे हमले होते रहे हैं।

जैश-ए-मुहम्मद एक देवबंदी विचारधारा वाला जिहादी आतंकी संगठन है, जिसके संस्थापक मौलाना मसूद अजहर को बालाकोट हवाई हमले के बाद संयुक्त राष्ट्र की सुरक्षा परिषद् ने 'ब्लैक लिस्ट' कर दिया था। जैश-ए-मुहम्मद का प्रमुख लक्ष्य जम्मू व कश्मीर का पाकिस्तान में विलय करना है।

जैश-ए-मुहम्मद दक्षिण-पश्चिम एशिया के अनेक इसलामी मिलिटेंट (लड़ाकू) संगठनों में सबसे बड़ा संगठन है, जो मुख्य रूप से पाकिस्तान से संचालित किया जाता है। इसका लक्ष्य संपूर्ण दक्षिण एशिया को इसलामिक स्टेट में परिवर्तित करना है। इसकी स्थापना सन् 1987 में हाफिज सईद ने अफगानिस्तान के अब्दुल्ला यूसुफ आजम के साथ मिलकर की थी। धन की व्यवस्था ओसामा-बिन-लादेन ने की थी। आजम लादेन का शिक्षक व

सलाहकार था। दोनों ने मिलकर 'अल-कायदा' की स्थापना की थी। सन् 1989 में एक कार के विस्फोट में आजम मारा गया। इसके बाद हाफिज सईद ने जैश-ए-मुहम्मद की बागडोर सँभाली। जैश-ए-मुहम्मद, जिसका राजनीतिक संगठन 'जमात-उद-दावा' तथा दूसरा चैरिटी (सहायता) दल 'फलाह-ए-इनसानियत' है। इन सभी संगठनों को सरकारी तौर पर पाकिस्तान ने बैन किया हुआ है, लेकिन आई.एस.आई. गुप्त रूप से जैश-ए-मुहम्मद की सहायता करता है। दिसंबर 2000 से लेकर नवंबर 2008 तक भारत में जितने भी आतंकी हमले हुए हैं, उसके लिए जैश-ए-मुहम्मद दोषी रहा है। इसमें दिसंबर 2000 में दिल्ली में बम विस्फोट, मार्च 2006 में वाराणसी में बम विस्फोट, जुलाई 2006 मुंबई ट्रेन में बम विस्फोट और नवंबर 2008 में हुआ 26/11 का मुंबई हमला शामिल हैं। इसके अलावा, कई अन्य छोटे-मोटे मामलों का आरोप भी जैश-ए-मुहम्मद पर लग चुका है।

जनरल सुखबीर सिंह ने कहा कि आतंकी शिविरों पर महज बमबारी काफी नहीं होगी, क्योंकि सुबह तड़के में हुए आतंकी हमलों में पाकिस्तानी सेना पूरी तरह शामिल थी। जब उन्होंने सुबह के आतंकी हमलों की तसवीरें दिखाईं, जिनमें स्पष्ट रूप से पाकिस्तानी हथियार दिखाई दे रहे थे, तब जाकर चीफ ऑफ दि एयर स्टाफ और रॉ के चीफ को विश्वास हुआ।

जनरल सुखबीर सिंह ने कहा कि आतंकी शिविरों पर महज बमबारी काफी नहीं होगी, क्योंकि सुबह तड़के में हुए आतंकी हमलों में पाकिस्तानी सेना पूरी तरह शामिल थी। जब उन्होंने सुबह के आतंकी हमलों की तसवीरें दिखाईं, जिनमें स्पष्ट रूप से पाकिस्तानी हथियार दिखाई दे रहे थे, तब जाकर चीफ ऑफ दि एयर स्टाफ और रॉ के चीफ को विश्वास हुआ।

"देखिए, दोस्तो! मैं अपने विचार आप में से किसी पर भी थोपना नहीं चाहता, क्योंकि शायद आप सोच रहे होंगे कि मैं पाकिस्तान के इस हमले में अपने पुत्र को खो देने के कारण शायद भावना के आवेग में आकर यह

कदम उठाना चाह रहा हूँ। इसलिए मेरा सुझाव है कि मेरे निर्णय पर आप सभी गुप्त रूप से मतदान कर अपनी राय दे सकते हैं। इस प्रकार जो भी अंतिम निर्णय होगा, उस पर हम शक नहीं कर सकेंगे कि किसने इसके विरोध में मत दिया।" यह कहकर चीफ ऑफ दि आर्मी स्टाफ ने अपने निर्णय को आगे बढ़ाया। मतदान में एक को छोड़कर पाँचों ने अपनी सहमति प्रकट कर दी। कोई नहीं जान पाया कि वह एक कौन है, जो सहमत नहीं है; लेकिन किसी ने उसकी परवाह भी नहीं की, क्योंकि वे जानते थे कि वह भी देश-प्रेमी है और आज के बाद से वह भरपूर सहयोग करेगा।

इससे पहले उसी दिन प्रधानमंत्री नीलिमा गुप्ता ने प्रेस संवाददाताओं के समक्ष बोलते हुए इस आतंकी हमले का दोष कश्मीर में पनप रहे आतंकवादियों पर मढ़ते हुए पूर्व प्रधानमंत्री मेहता को कठघरे में खड़ा करके कहा था कि उनकी नीतियों के कारण कश्मीरी युवक पथ-भ्रष्ट होकर आतंक का सहारा ले रहे हैं।

शाम 7.30 बजे जनरल सुखबीर सिंह ने भारत के प्रतिरक्षा सचिव से फोन पर संपर्क किया और उनसे प्रधानमंत्री से तुरंत मिलने की इजाजत माँगने की प्रार्थना की। उन्होंने रक्षा सचिव से भी इस बैठक में प्रस्तुत रहने का अनुरोध किया।

इससे पहले उसी दिन प्रधानमंत्री नीलिमा गुप्ता ने प्रेस संवाददाताओं के समक्ष बोलते हुए इस आतंकी हमले का दोष कश्मीर में पनप रहे आतंकवादियों पर मढ़ते हुए पूर्व प्रधानमंत्री मेहता को कठघरे में खड़ा करके कहा था कि उनकी नीतियों के कारण कश्मीरी युवक पथ-भ्रष्ट होकर आतंक का सहारा ले रहे हैं।

संसद् में कडक मेहता ने अपनी पार्टी का नेतृत्व करते हुए सरकार से पाकिस्तान के खिलाफ सख्त कदम उठाने की माँग की।

एक प्रमुख टी.वी. चैनल अपने रात 9 बजे के 'प्राइमटाइम डिबेट शो' में भारत का सर्वाधिक स्पष्टवादी अंग्रेजी समाचारों का चश्माधारी ऐंकर अपनी असमिया अंग्रेजी में शो के मध्य में चीख-चीखकर, जो उसके शो की

विशेषता थी, कह रहा था, "नीलिमा गुप्ता को फौरन इस्तीफा देना चाहिए। वे प्रधानमंत्री बनाने की काबिल नहीं हैं। हमें अब बालाकोट से बड़ा हवाई हमला करना चाहिए।" उसका चैनल दो ट्विटर हैशटैग पर ट्रेंड कर रहा था—'नीलिमा मस्ट गो' और 'इंडिया सीक्स रेवेंज'। अन्य चैनल # 'वीकेस्ट एवर पी.एम.', # 'एनेमी विदइन', # 'पी.एम. मस्ट रिजाइन' और # 'हिट पाकिस्तान बैक' जैसे हैशटैग ट्रेंड कर रहे थे।

□

13

रोबिंद्रो शोंगीत

बृहस्पतिवार, 23 जुलाई, 2020

अत्यधिक आवश्यक होने के बावजूद प्रधानमंत्री को समय देने में तीन दिन लग गए। वे देश के पूर्वी भाग में स्थित अपने गृह राज्य का दौरा कर रही थीं और साढ़े तेरह महीने हुए, जब वे प्रधानमंत्री बनी थीं, तब से हर महीने वे आठ से दस दिन वहीं बिताती थीं।

भारत की जनता में और मीडिया में यह चर्चा गरम थी कि वे देश की प्रधानमंत्री हैं या अपने राज्य की मुख्यमंत्री हैं।

जनरल सुखबीर सिंह ने अंततः जब शाम 5 बजे प्रधानमंत्री से भेंट की, तब प्रधानमंत्री के प्रेस सलाहकार और राष्ट्रीय सुरक्षा सलाहकार पहले ही वहाँ मौजूद थे।

चीफ ऑफ दि आर्मी स्टाफ के साथ छह अन्य साथी (छह का दल) थे।

प्रधानमंत्री के कॉन्फ्रेंस रूम की सफेद सीमेंट प्लास्टर वाली दीवारों के किनारे टीक की पट्टी से जड़े हुए थे। डबल डोर के दोनों ओर टीक फ्रेमों में भारत के प्राचीन स्मारकों की ब्लैक एंड व्हाइट तसवीरें लगी हुई थीं। भीतरी छत की सतह पर दुनिया का नक्शा बना हुआ था।

साढ़े पैंसठ वर्षीया प्रधानमंत्री अपनी मनपसंद नीले बॉर्डर वाली सफेद साड़ी पहने हुए थीं। छियालीस वर्ष के प्रतिरक्षा मंत्री 'अपनी पहचान' के सफेद कुरते-पाजामे में थे, जिसके ऊपर उन्होंने खुली जवाहर कट जैकेट

पहन रखी थी। सिर पर उन्होंने लाल रंग की नेहरू कैप पहनी हुई थी।

चीफ ऑफ आर्मी स्टाफ के तीन सेना अधिकारी और दो इंटेलिजेंस एजेंसियों के चीफ को देखकर एकबारगी वे सकते में आ गईं। उनके मुँह का रंग उड़ गया और आँखों में लाली झाँकने लगी। उन्होंने आते ही फटकार लगाई कि उन्होंने उनके स्टाफ को यह क्यों नहीं बताया कि अन्य लोग भी मीटिंग के लिए आ रहे हैं?

उन्होंने अपने तेवर जारी रखे, "आई एम सॉरी टू हियार (हियर) एबाउट योर सान (सन), जनरल! बॉट (बट) आर यू हियर टू सीक माई पारमीशन (परमिशन) टू स्टार्ट 'भरल्ड बॉर (वर्ल्ड वॉर) थ्री?" (जनरल, मुझे आपके बेटे के बारे में सुनकर अफसोस हुआ है; लेकिन क्या आप मुझसे तीसरा विश्व युद्ध शुरू करने की आज्ञा लेने आए है?) उन्हें थोड़ा अंदाजा लग गया था कि भारत की तीन सेनाओं और एक पैरामिलिटरी विंग के अतिरिक्त दोनों असैनिक इंटेलिजेंस के प्रमुख क्या कहने वाले हैं।

"बात यह नहीं है, मैडम! हम यहाँ आपके सामने खूँखार आतंकी हमले में पाकिस्तानी सेना के शामिल होने के पुख्ता सबूत पेश करने आए हैं, जिसके कारण हमारे 77 जवानों और 5 अधिकारियों को शहीद होना पड़ा है। इसके साथ ही हम आपके सामने अपनी प्रतिक्रिया का 'प्लान' रखना चाहते हैं और इन दोनों पर आपकी अनुमति चाहते हैं।"

"बात यह नहीं है, मैडम! हम यहाँ आपके सामने खूँखार आतंकी हमले में पाकिस्तानी सेना के शामिल होने के पुख्ता सबूत पेश करने आए हैं, जिसके कारण हमारे 77 जवानों और 5 अधिकारियों को शहीद होना पड़ा है। इसके साथ ही हम आपके सामने अपनी प्रतिक्रिया का 'प्लान' रखना चाहते हैं और इन दोनों पर आपकी अनुमति चाहते हैं।" जनरल सिंह ने कहा, "पिछले ग्यारह महीनों में यह नौवाँ आतंकी हमला है और सेना, सी.आर.पी.एफ. एवं बी.एस.एफ. को मिलाकर हम अब तक 31 अफसर तथा 321 जवान खो

चुके हैं। इसके अलावा, 400 से ज्यादा जवान घायल हो चुके हैं।

नीलिमा गुप्ता समझ गई थीं कि ग्यारह महीने का संकेत उनके द्वारा जम्मू व कश्मीर से एक एफ.एस.पी.ए. ऐक्ट को हटाने के संदर्भ में दिया गया है।

"ओ.के., आई एम लिस्निंग। बट मेक इट फास्ट (फास्ट) आई हेव टू इनॉगरेट ए रोबिंद्रो शोंगीत कांशार्ट (रबींद्र संगीत कॉन्सर्ट) एट बिग्यान भबोन (विज्ञान भवन)।" (ठीक है, मैं सुन रही हूँ। लेकिन जरा जल्दी कीजिए। मुझे विज्ञान भवन में रबींद्र संगीत के एक कार्यक्रम का उद्घाटन करना है।) विज्ञान भवन नई दिल्ली में सरकारी कार्यक्रमों के आयोजन का प्रमुख केंद्र है।

"क्या राष्ट्रीय सुरक्षा एक कॉन्सर्ट से ज्यादा जरूरी नहीं है?"

"इट इज नॉट कॉन्शार्ट (कॉन्सर्ट)। इट इज टू होनार (ऑनर) रॉबिंद्रोनाथ (रबींद्रनाथ) टैगोर, द फास्ट (फ्रस्ट) नॉन यूरोपियन पार्सन (पर्सन) टू भिन (विन) ए नोबेल प्राइज ऑफ लिटरेचर। डू यू नो एनीथिंग एबाउट ऑवर हिस्टरी एंड ऑवर काल्चर (कल्चर), जनरल एंड आर यू जॉस्ट (जस्ट) इंटेरेस्ट इन फाइटिंग एंड किलिंग।" (यह केवल कॉन्सर्ट नहीं है, बल्कि रवींद्रनाथ टैगोर के सम्मान में आयोजित कार्यक्रम है, जो पहले गैर-यूरोपीय व्यक्ति थे, जिन्हें साहित्य के नोबेल पुरस्कार से सम्मानित किया गया था। जनरल, क्या आपको हमारे इतिहास या संस्कृति के बारे में कुछ ज्ञान भी है या आपको केवल लड़ने और मारने में ही दिलचस्पी है?)

"ओ.के., आई एम लिस्निंग। बट मेक इट फास्ट (फास्ट) आई हेव टू इनॉगरेट ए रोबिंद्रो शोंगीत कांशार्ट (रबींद्र संगीत कॉन्सर्ट) एट बिग्यान भबोन (विज्ञान भवन)।" (ठीक है, मैं सुन रही हूँ। लेकिन जरा जल्दी कीजिए। मुझे विज्ञान भवन में रबींद्र संगीत के एक कार्यक्रम का उद्घाटन करना है।) विज्ञान भवन नई दिल्ली में सरकारी कार्यक्रमों के आयोजन का प्रमुख केंद्र है।

यह भाँपते हुए कि जनरल सिंह का धैर्य अब समाप्त हुआ चाहता है, एडमिरल घोष, जो प्रधानमंत्री के राज्य के रहनेवाले थे, बीच में आकर बोल उठे, "बालाकोट में हमारे हवाई हमले के बावजूद महज सात महीने बाद पाकिस्तान ने भारत पर सबसे खूँखार हमला किया है और वह भी एक सैनिक शिविर पर। यह नाकाबिल-ए-बरदाश्त है। इसके बदले में हमें बालाकोट से भी ज्यादा शक्तिशाली काररवाई करनी चाहिए।"

यह भाँपते हुए कि जनरल सिंह का धैर्य अब समाप्त हुआ चाहता है, एडमिरल घोष, जो प्रधानमंत्री के राज्य के रहनेवाले थे, बीच में आकर बोल उठे, "बालाकोट में हमारे हवाई हमले के बावजूद महज सात महीने बाद पाकिस्तान ने भारत पर सबसे खूँखार हमला किया है और वह भी एक सैनिक शिविर पर। यह नाकाबिल-ए-बरदाश्त है। इसके बदले में हमें बालाकोट से भी ज्यादा शक्तिशाली काररवाई करनी चाहिए।"

"मैडम, प्राइम मिनिस्टर! हम सभी तीनों सेनाओं के चीफ के निर्णय से सहमत हैं।" रवि कौशिक ने बोलते हुए कहा, "लेकिन, जाहिर है कि अंतिम निर्णय आपका ही होगा।"

"बट यू ओनली स्ट्राक (स्ट्रक) ट्रीज एंड श्राब्स (श्रब्स) एट बालाकोट। यूट डिड नॉट गिव द कंट्री प्रूफ ऑफ योर स्ट्राइकिंग टेरर कैंप्स, डिस्पाइट माई एंड अदर पोलिटिकल लीडर्स आशकिंग (आस्किंग) फॉर द सेम वेन दैट 'हिटलर' वाज द पी.एम.।" (लेकिन आप लोगों ने बालाकोट में सिर्फ पेड़ों और झाड़ियों पर हमला किया। आप लोगों ने उस समय, जब वह हिटलर प्रधानमंत्री था, मेरे और अन्य राजनीतिक नेताओं के माँगने के बावजूद देश को अपने आतंकी शिविरों पर हमले का कोई सबूत नहीं दिया।) कहते हुए पी.एम. के मुख पर एक चौड़ी मुसकराहट फैल गई, जिससे साफ पता लग रहा था कि वे कितनी खुश हैं, क्योंकि मेहता अब पी.एम. नहीं है।

सेना अधिकारी और इंटेलिजेंस चीफ साउथ ब्लॉक स्थित पी.एम. ऑफिस में बैठे क्रोध के आवेश को अपनी मुट्ठियों में झेल रहे थे।

उनकी पी.एम. उनसे ऐसा व्यवहार कैसे कर पाईं? वे इस प्रकार की निकृष्ट भाषा कैसे बोल पाईं? हमें उनकी बेसिर-पैर की बातें क्यों सुननी पड़ती हैं? हमारा संविधान 543 में से केवल 35 सीट जीतनेवाले व्यक्ति को प्रधानमंत्री बनने की अनुमति कैसे दे देता है?

छह लोगों के दल में से प्रत्येक व्यक्ति अपने विचारों में खोया हुआ था।

नई दिल्ली के साउथ ब्लॉक में प्रधानमंत्री का कार्यालय (पी. एम.ओ.) के अलावा प्रतिरक्षा मंत्रालय और विदेश विभाग (भारत के सर्वोच्च अधिकारी) तथा राष्ट्रीय सुरक्षा सलाहकार (एन.एस.ए.) का कार्यालय है। सड़क के दूसरी ओर नॉर्थ ब्लॉक में गृह मंत्रालय एवं वित्त मंत्रालय के दफ्तर हैं।

नई दिल्ली के साउथ ब्लॉक में प्रधानमंत्री का कार्यालय (पी.एम.ओ.) के अलावा प्रतिरक्षा मंत्रालय और विदेश विभाग (भारत के सर्वोच्च अधिकारी) तथा राष्ट्रीय सुरक्षा सलाहकार (एन.एस.ए.) का कार्यालय है। सड़क के दूसरी ओर नॉर्थ ब्लॉक में गृह मंत्रालय एवं वित्त मंत्रालय के दफ्तर हैं। प्रमुख ब्रिटिश भवन निर्माता हर्बर्ट बेकर द्वारा 'इंडो-सारा सैनिक रिविवाइल शिल्प' निर्माण शैली में डिजाइन किए गए ये दो विशाल कार्यालय भवन राष्ट्रपति भवन (प्रेसीडेंशियल पैलेस) के दोनों ओर अवस्थित होकर केंद्रीय दर्शक मेरु मार्ग को अद्‌भुत भव्यता प्रदान करते हैं।

दोनों विशाल भवनों में समान रूप में विशाल प्रांगण सहित एक जैसी खुली मेहराबदार सीढ़ियाँ, ऊँची चौड़ी छतें, विशाल खंभों के अतिरिक्त प्रभावशाली गुंबद दोनों भवनों की अद्‌भुत विशिष्टताओं को परिलक्षित करते हैं। दोनों भवनों में चार मंजिलें हैं और प्रत्येक मंजिल में करीब 1,000 कमरे हैं। राष्ट्रपति भवन की तरह दोनों भवनों के निर्माण में राजस्थान के क्रीम और लाल रंग के धौलपुरी रेत का इस्तेमाल किया गया है, जबकि इनके आधार को

केवल लाल रेत से बनाया गया है। इनका निर्माण सन् 1931 में जमीन से 99 फीट ऊँची रायसीना पहाड़ी पर किया गया था।

यद्यपि प्रधानमंत्री का सरकारी कार्यालय साउथ ब्लॉक में है, उनका प्रमुख कार्यालय नंबर 7, लोक कल्याण मार्ग पर स्थित है, जहाँ ग्यारह महीने पहले जनरल सुखबीर सिंह और रवि कौशिक प्रधानमंत्री से मिले थे।

"मैडम, आप ठीक कहती हैं। आपने हमसे बालाकोट हवाई हमले के सबूत पेश करने को कहा था। उस समय आप एक प्रदेश की विरोधी दल की नेता थीं और राष्ट्रीय सुरक्षा व्यवस्था ने हमें आपको किसी प्रकार का ब्योरा देने की अनुमति नहीं दी थी। अब, जबकि आप प्रधानमंत्री हैं, हम खुशी-खुशी इसके सभी सबूत जब और जिस समय आप चाहेंगी, आपको दे सकेंगे।" एयर चीफ मार्शल श्रीवास्तव ने कहा।

सेना प्रमुख ने बिना किसी विशिष्ट ब्योरे के पाकिस्तान हमले की रूपरेखा प्रस्तुत की, जिसमें थल सेना और वायु सेना का उपयोग शामिल था। संक्षेप में, यह हमला आतंकी ठिकानों और उसके शिविरों पर केंद्रित था, लेकिन यदि पाकिस्तानी सेना इसमें हस्तक्षेप करती है तो भारतीय सेना उसके खिलाफ लड़ने में नहीं हिचकिचाएगी।

इससे पहले कि प्रधानमंत्री अपनी प्रतिक्रिया देतीं, जनरल सुखबीर सिंह ने कहा, "क्या हम आपका ध्यान वर्तमान परिस्थिति की ओर आकृष्ट कर सकते हैं?"

"ऑल राइट (ठीक है)।"

सेना प्रमुख ने बिना किसी विशिष्ट ब्योरे के पाकिस्तान हमले की रूपरेखा प्रस्तुत की, जिसमें थल सेना और वायु सेना का उपयोग शामिल था। संक्षेप में, यह हमला आतंकी ठिकानों और उसके शिविरों पर केंद्रित था, लेकिन यदि पाकिस्तानी सेना इसमें हस्तक्षेप करती है तो भारतीय सेना उसके खिलाफ लड़ने में नहीं हिचकिचाएगी।

"नो वे, आई एम नॉट गोइंग टू अप्रूव ए बॉर। कैन यू टेल मी हाऊ मेनी

ऑफ आवर इनोसेंट मुसलिम ब्रादर्स (ब्रदर्स) एंड शिष्टार्स (सिस्टर्स) बिल (विल) बी किल्ड ऑन बोथ साइस, कंसीडरिंग दैट काशमीर बिल (विल) बी एट द हार्ट ऑफ इट?" (हरगिज नहीं। मैं युद्ध के लिए अनुमति नहीं दे सकती। क्या आप बता सकते हैं कि दोनों ओर हमारे कितने निर्दोष मुसलिम भाई-बहन मारे जाएँगे और उसका केंद्र-बिंदु कश्मीर होगा?)

"मैडम, इसका धर्म से कोई लेना-देना नहीं है।" चीफ ऑफ आर्मी स्टाफ ने सख्त आवाज में कहा, "यह राष्ट्र की अखंडता की सुरक्षा का मामला है। यह दुनिया को अपनी बढ़ती हुई सैन्य शक्ति को दिखाने का और पाकिस्तान को बताने का मामला है कि हम अपने जवानों की शहादत को अब व्यर्थ नहीं जाने देंगे।"

> ***"मैं प्रधानमंत्री से सहमत हूँ। हम इतने सारे मुसलमानों को नहीं मार सकते, क्योंकि इससे भारत में गृह युद्ध छिड़ जाएगा।" लाल नेहरू कैप पहने व्यक्ति ने कहा। उसके प्रदेश की आबादी में 33 प्रतिशत मुसलमान हैं और वर्ष 2019 के संसदीय चुनाव में उनमें से सभी 50 प्रतिशत मुसलमानों ने उनकी पार्टी को वोट दिया था।***

"आई शेड (सैड) नो! दैट्स माई फाइनल वार्ड (वर्ड) ऑन दिस मैटर। आफ्टर दिस मीटिंग आई बिल (विल) कॉल द पी.एम. ऑफ पाकिस्तान एंड सीक एन इमिडिएट पीश शॉमिट (पीस सम्मिट) बिटवीन द टू ऑफ अस। वी बिल (विल) सिट अक्रॉस द टेबल एंड शॉर्ट (सॉर्ट) थिंग्स आउट।" (मैंने कहा, नहीं! इस मामले में यह मेरा अंतिम शब्द है। इस मीटिंग के बाद मैं पाकिस्तान के प्रधानमंत्री से फोन पर बात करूँगी और हम दोनों के बीच तुरंत एक शांति वार्त्ता की माँग करूँगी। हम लोग एक टेबल पर बैठकर आपसी मामलों को सुलझा लेंगे।) सैनिक यूनिफॉर्म पहने व्यक्ति ने नौजवान प्रतिरक्षा मंत्री की ओर देखा, शायद वह उन्हें समझा सकें।

"मैं प्रधानमंत्री से सहमत हूँ। हम इतने सारे मुसलमानों को नहीं मार

सकते, क्योंकि इससे भारत में गृह युद्ध छिड़ जाएगा।" लाल नेहरू कैप पहने व्यक्ति ने कहा। उसके प्रदेश की आबादी में 33 प्रतिशत मुसलमान हैं और वर्ष 2019 के संसदीय चुनाव में उनमें से सभी 50 प्रतिशत मुसलमानों ने उनकी पार्टी को वोट दिया था।

राष्ट्रीय सुरक्षा सलाहकार अपने पैरों की ओर देख रहा था, इसलिए उससे किसी प्रकार की मदद की आशा नहीं थी। वैसे भी, वह प्रधानमंत्री गुप्ता के गृह प्रदेश का काफी विवादास्पद पूर्व पुलिस अधिकारी था, जो उनका बहुत करीबी व्यक्ति माना जाता था। दूसरे शब्दों में, वह उनका पिट्ठू माना जाता था।

निराशा से भरे हुए छह अधिकारी कमरे से बाहर निकले। प्रधानमंत्री की स्पष्ट अनुमति के बिना वे कैसे बड़ा कदम उठा सकते हैं? क्या कोई दूसरा रास्ता हो सकता है?

शुक्रवार, 24 जुलाई, 2020

अगले दिन सुबह तड़के 5.45 बजे, इससे पहले कि अधिकांश राजनीतिज्ञ या मीडिया जागता, छह के दल ने भारत के पूर्व सुरक्षा सलाहकार के निवास पर पूर्व प्रधानमंत्री कडक मेहता से गुप्त बैठक की। उन्होंने कडक मेहता को पाकिस्तान पर हमले की योजना के बारे में तथा प्रधानमंत्री द्वारा अनुमति देने से इनकार के बारे में भी बताया और यह पूछा कि वे क्या इस योजना पर अमल करने की अनुमति देते हैं?

मेहता ने कहा कि वे बालाकोट हमले से भी बड़े हमले की अनुमति देते; लेकिन शायद इतने भीषण हमले की अनुमति नहीं देते, जिसकी योजना आपने बनाई है।

उन्होंने कडक मेहता से अनुरोध किया कि वे व्यक्तिगत रूप से संपर्क करके चीन के राष्ट्रपति से इस योजना के लिए उनका विश्वास प्राप्त करें, जिसके लिए मेहता तैयार हो गए।

□

14

चीयर्स! क्या कहने!

शनिवार, 1 अगस्त, 2020

जनरल सुखबीर सिंह ने अगले छह से ज्यादा दिनों तक प्रधानमंत्री से एक बार और मिलने का असफल प्रयास किया।

इन आठ दिनों में 'छह के दल' ने 50,000 किलोमीटर के राष्ट्रीय राजधानी क्षेत्र से बाहर आर्मी अथवा एयर फोर्स बेसों में सात गुप्त बैठकें कीं, जिनमें उन्होंने विस्तृत योजनाएँ बनाईं। कुछ मीटिंग्स में उन्होंने थल सेना और वायु सेना के अन्य वरिष्ठ अधिकारियों को भी बुलाया। जब तक बदला न लें, तब तक उन्हें चैन कहाँ था!

पाकिस्तान को उसकी लगातार कायरतापूर्ण काररवाइयों का जवाब देना होगा। इसके लिए कुछ करना होगा और बहुत जल्दी करना होगा। अगले तीन महीनों में आर्मी चीफ रिटायर होने वाले हैं और अगले चार महीनों में एयर फोर्स चीफ भी रिटायर हो जाएँगे। इसके अलावा, दो हफ्ते पहले ही आतंकी हमले में आर्मी चीफ ने अपने इकलौते बेटे को खोया है।

इस बीच प्रधानमंत्री ने पाकिस्तानी प्रधानमंत्री से संपर्क किया और उनके लिए इस्लामाबाद में एक शानदार 'शांति शिखर वार्त्ता' का इंतजाम हो गया।

सभी अधिकारी अच्छी तरह से जानते थे कि इस शिखर वार्त्ता से कोई लाभ होने वाला नहीं है, क्योंकि पाकिस्तानी प्रधानमंत्री सन् 1958 से लेकर आज तक सभी प्रधानमंत्रियों की तरह पाकिस्तानी फौज की कठपुतली रहे हैं।

स्थिति को और भी खतरनाक बनाने के लिए भारत की प्रधानमंत्री ने अपने प्रतिनिधिमंडल में जम्मू व कश्मीर के दो पूर्व मुख्यमंत्रियों को भी

शामिल कर लिया, जिन्हें जनता व्यापक रूप से पाकिस्तान के सबसे बड़े समर्थक मानती आई है।

सोमवार, 3 अगस्त, 2020

तथाकथित दो दिवसीय 'शांति शिखर वार्त्ता' के पश्चात्, जिसमें दोनों प्रतिनिधिमंडलों के बीच मात्र चार घंटे की वार्त्ता हुई और चौबीस घंटों से ज्यादा समय बैंक्वेट भोजों में तथा सैर-सपाटों में व्यतीत हुआ। वार्त्ता के बाद इस्लामाबाद में आयोजित संयुक्त प्रेस कॉन्फ्रेंस में दोनों प्रधानमंत्रियों ने मिलकर आतंकवाद के खिलाफ लड़ने का वचन दिया।

प्रधानमंत्री इरफान खान ने शाम को अपने टेलीविजन भाषण में कहा कि पाकिस्तान पहले ही 'जैश-ए-मुहम्मद' और 'लश्कर-ए-तैयबा' पर पाबंदी लगा चुका है और पिछले पंद्रह महीनों से पाकिस्तान में उनकी सारी गतिविधियाँ बंद हैं। प्रधानमंत्री खान ने कहा कि सरकार ने उनके सभी बैंक खातों को 'फ्रीज' कर दिया है, इसलिए उनके लिए भारत में किसी गतिविधि के लिए पैसा देना अब असंभव हो गया है। उन्होंने उरी की घटना पर शोक व्यक्त करते हुए कहा कि पाकिस्तान जाँच-पड़ताल करने के लिए पाकिस्तान आनेवाली भारतीय जाँच एजेंसियों को पूरी सहायता प्रदान करेगा।

प्रधानमंत्री इरफान खान ने शाम को अपने टेलीविजन भाषण में कहा कि पाकिस्तान पहले ही 'जैश-ए-मुहम्मद' और 'लश्कर-ए-तैयबा' पर पाबंदी लगा चुका है और पिछले पंद्रह महीनों से पाकिस्तान में उनकी सारी गतिविधियाँ बंद हैं। प्रधानमंत्री खान ने कहा कि सरकार ने उनके सभी बैंक खातों को 'फ्रीज' कर दिया है, इसलिए उनके लिए भारत में किसी गतिविधि के लिए पैसा देना अब असंभव हो गया है।

अपनी प्रतिक्रिया व्यक्त करते समय भारतीय प्रधानमंत्री गुप्ता ने सहायता प्रदान करने के लिए प्रधानमंत्री खान को धन्यवाद देते हुए पाकिस्तान की

सहायता को उपमहाद्वीप में आतंकवाद को हराने में एक 'महान् कार्य' बताया है।

अपने भाषण में, जिसने भारत में करोड़ों और दुनिया भर में फैले हजारों-करोड़ों लोगों को 'शॉक' में डाल दिया, उन्होंने पाकिस्तान के प्रधानमंत्री को 'भारोत रॉत्लो' (भारत रत्न) के सर्वोच्च सम्मान के लिए भारत आने का न्योता भी दे दिया। भारत के इस सर्वोच्च सम्मान को प्राप्त करनेवाले अब तक एक ही विदेशी नागरिक हुए हैं और वे नेल्सन मंडेला थे।

'छह का दल' एक गोपनीय स्थल में अपनी मीटिंग समाप्त करके टी.वी. पर लाइव कवरेज देख रहा था। साथ-साथ स्कॉच, चिकन टिक्का और मटन कबाब का भी दौर चल रहा था।

"चीयर्स! क्या कहने!" जनरल सुखबीर सिंह की पुरजोश आवाज थी।

"चीयर्स!" एयर चीफ मार्शल श्रीवास्तव और एडमिरल घोष का समवेत स्वर था।

"चीयर्स!" डायरेक्टर जनरल, सी.आर.पी.एफ. का स्वर था।

बाहर बैठे ऑर्डली, जो उन्हें 'सर्व' कर रहे थे, इस चीयर्स के मामले पर आश्चर्यचकित थे। पाकिस्तान में जो कुछ हुआ, उसको देखते हुए ये सभी सीनियर अधिकारी इतने खुश कैसे हो सकते हैं!

□

15

प्रधानमंत्री लापता

मंगलवार, 4 अगस्त, 2020

अगले दिन भारत के प्रधानमंत्री के वी.वी.आई.पी. विमान ने इस्लामाबाद अंतरराष्ट्रीय हवाई अड्डे से पाकिस्तानी समय के अनुसार सुबह 7 बजकर 15 मिनट पर उड़ान भरी। उसे नई दिल्ली के इंदिरा गांधी अंतरराष्ट्रीय हवाई अड्डे पर भारतीय समयानुसार सुबह 9 बजकर 10 मिनट पर उतरना था।

भारतीय समयानुसार लगभग 8.30 बजे जब रडार पर विमान ने अपने निर्धारित रूट को छोड़ना शुरू किया तो इंदिरा गांधी अंतरराष्ट्रीय हवाई अड्डे के एयर ट्रैफिक कंट्रोल टॉवर में आतंक छा गया। इसके बाद एयर ट्रैफिक कंट्रोलर को लगभग पैंतालीस मिनट यह ढूँढ़ने में लग गए कि इसकी खबर किसे दी जाए और उस तक कैसे पहुँचा जाए, क्योंकि यह राष्ट्रीय सुरक्षा का मामला था।

भारतीय समयानुसार 9 बजकर 15 मिनट पर विमान को दक्षिण भारत की ओर जाते हुए देखा गया। इसके बाद विमान इंदिरा गांधी अंतरराष्ट्रीय हवाई अड्डे के रडार के रेंज से बाहर हो गया। क्या प्रधानमंत्री का विमान हाईजैक हो गया है? क्या वह श्रीलंका या मालदीव की ओर जा रहा है? सौभाग्यवश, मीडिया को तब तक इस 'ब्रेकिंग न्यूज' की भनक नहीं पड़ी थी।

इंदिरा गांधी अंतरराष्ट्रीय हवाई अड्डा विमान के पायलटों से सीधा संपर्क नहीं कर सकता था, क्योंकि वे इंडियन एयर फोर्स (आई.ए.एफ.) के पायलट थे, जो आई.ए.एफ. में एयर हेडक्वार्टर कम्युनिकेशन स्क्वॉड्रन

'पीगसस' की सेवा में काम कर रहे थे। केवल आई.ए.एफ. स्टेशन ही वी.वी.आई.पी. विमानों के पायलटों से संपर्क कर सकते थे।

एयर हेडक्वार्टर में जब संबद्ध अधिकरी से संपर्क किया गया तो उसने एयर चीफ मार्शल श्रीवास्तव से संपर्क किया। एयर चीफ मार्शल ने उससे अनावश्यक रूप से आतंक फैल जाने के भय से शांत रहने को कहा और यह भी कहा कि वे व्यक्तिगत रूप से स्थिति को सँभाल लेंगे।

रक्षा मंत्री, विदेश मंत्री एवं राष्ट्रीय सुरक्षा सलाहकार प्रधानमंत्री के साथ इस्लामाबाद गए हुए थे। उनकी अनुपस्थिति में चीफ ऑफ एयर स्टाफ की नजर में सही व्यक्ति कैबिनेट सचिव या रक्षा सचिव थे, जिन्हें इंदिरा गांधी अंतरराष्ट्रीय हवाई अड्डे के चीफ एग्जीक्यूटिव ऑफिसर ने पहले ही सूचित कर दिया था।

रक्षा मंत्री, विदेश मंत्री एवं राष्ट्रीय सुरक्षा सलाहकार प्रधानमंत्री के साथ इस्लामाबाद गए हुए थे। उनकी अनुपस्थिति में चीफ ऑफ एयर स्टाफ की नजर में सही व्यक्ति कैबिनेट सचिव या रक्षा सचिव थे, जिन्हें इंदिरा गांधी अंतरराष्ट्रीय हवाई अड्डे के चीफ एग्जीक्यूटिव ऑफिसर ने पहले ही सूचित कर दिया था।

इन दोनों व्यक्तियों ने एयर चीफ मार्शल श्रीवास्तव से संपर्क साधना चाहा, किंतु काफी प्रयास के बावजूद यह संभव नहीं हो पाया, क्योंकि एयर मार्शल श्रीवास्तव अपना मोबाइल फोन नहीं उठा रहे थे। उनका स्टाफ सभी संपर्क करनेवालों से कह रहा था कि जैसे ही वह एयर मार्शल से संपर्क में आएगा, एयर मार्शल कॉल करनेवालों को जवाब देंगे। उन्होंने एयर स्टाफ के वाइस चीफ से भी संपर्क साधना चाहा। वहाँ से भी उन्हें यही उत्तर मिला।

आखिर, यह हो क्या रहा है ?

भारतीय समयानुसार सुबह 9.45 बजे तक भारतीय सेना के जवान आर्मी ड्रेस में सेना के ट्रकों में भर-भरकर नई दिल्ली स्थित नॉर्थ एवं साउथ ब्लॉक

आने लगे और फिर वहाँ से वे दिल्ली लुटियन क्षेत्र में स्थित विभिन्न मंत्रालयों के भवनों के इर्द-गिर्द सुरक्षा पहरे में तैनात होते गए। नई दिल्ली के लुटियन क्षेत्र में स्थित इन भवनों के शिल्पकार ब्रिटिश आर्किटेक्ट सर एडविन लुटियंस थे, जिन्होंने ब्रिटिश इंडिया के शासन काल में सन् 1920 से लेकर 1940 के दौरान इन भवनों का निर्माण करवाया था। सैकड़ों जवानों ने 28 किलोमीटर के विशाल लुटियंस बँगलो जोन में स्थित केंद्रीय मंत्रियों के निवासों पर पहरा देना शुरू कर दिया।

प्रधानमंत्री ने अपनी 'सफल' पाकिस्तानी यात्रा की खुशी में दोपहर में पूरे मंत्रिमंडल की बैठक बुलाई थी, इसलिए अधिकांश मंत्री दिल्ली में मौजूद थे। जो नहीं थे, उनका पता लगाकर उन्हें सूचित कर दिया गया था।

सुबह 11 बजकर 10 मिनट पर नीलिमा गुप्ता और उनके 60 सदस्यीय प्रतिनिधिमंडल को लेकर 'एयर इंडिया वन' विमान कोयंबटूर के निकट सुलूर एयर फोर्स स्टेशन पर उतरा, जो उस समय इंडियन एयर फोर्स के साउदर्न एयर कमांडर के पूर्ण नियंत्रण में था, जो नियंत्रण की देखरेख करने के लिए खुद वहाँ मौजूद थे।

जैसे ही विशेष डिजाइन वाला ब्रैंड न्यू बोइंग 777 विमान हवाई अड्डे के टरमरिक पर आकर खड़ा हुआ, उसे चारों ओर से भारतीय वायु सेना के गरुड़ कमांडो फोर्स ने घेर लिया। विमान के अंदर मौजूद 18 एस.पी.जी. के जवानों के पास आत्म-समर्पण के अलावा कोई दूसरा मार्ग नहीं था। उनके विरुद्ध एक के मुकाबले चार गरुड़ कमांडो मौजूद थे। स्पेशल प्रोटेक्शन ग्रुप (एस.पी.जी.) सशस्त्र सेना है, जो भारत के प्रधानमंत्री, पूर्व प्रधानमंत्री और

जैसे ही विशेष डिजाइन वाला ब्रैंड न्यू बोइंग 777 विमान हवाई अड्डे के टरमरिक पर आकर खड़ा हुआ, उसे चारों ओर से भारतीय वायु सेना के गरुड़ कमांडो फोर्स ने घेर लिया। विमान के अंदर मौजूद 18 एस.पी.जी. के जवानों के पास आत्म-समर्पण के अलावा कोई दूसरा मार्ग नहीं था। उनके विरुद्ध एक के मुकाबले चार गरुड़ कमांडो मौजूद थे।

उनके परिवार के सदस्यों को, वे दुनिया में जहाँ भी हों, सुरक्षा प्रदान करती है।

विमान में मौजूद सभी वी.वी.आई.पी. और वी.आई.पी. लोगों को गरुड़ कमांडो ने अपनी गिरफ्त में ले लिया। वी.वी.आई.पी. लोगों को बगल में अवस्थित विशाल एयरक्राफ्ट हैंगर में ले जाया गया। वहाँ उनके लिए अस्थायी, किंतु आरामदेह रहने की व्यवस्था की गई थी। जहाँ वे जब तक आवश्यक होगा, रह सकेंगे। ऐसी ही छोटे पैमाने पर व्यवस्था बगल में वी.आई.पी. व्यक्तियों के लिए भी की गई थी। यह सुनिश्चित करने के लिए कि वे शेष दुनिया से संपर्क न करने पाएँ, उनसे उनके मोबाइल फोन और लैपटॉप कंप्यूटर्स को उनसे ले लिया गए।

एस.पी.जी. के 18 जवानों से हथियार ले लिये गए, किंतु उन्हें गिरफ्तार नहीं किया गया। उनसे आई.ए.एफ. के ट्रांसपोर्ट विमान की प्रतीक्षा करने को कहा गया, जिसमें उन्हें वापस दिल्ली भेजा जाना था। जो भी हो, वे साथी सैनिक थे, जो अपनी ड्यूटी निभा रहे थे।

एस.पी.जी. के 18 जवानों से हथियार ले लिये गए, किंतु उन्हें गिरफ्तार नहीं किया गया। उनसे आई.ए.एफ. के ट्रांसपोर्ट विमान की प्रतीक्षा करने को कहा गया, जिसमें उन्हें वापस दिल्ली भेजा जाना था। जो भी हो, वे साथी सैनिक थे, जो अपनी ड्यूटी निभा रहे थे।

"हाउ डेयर दे हाईजैक माई प्लेन एंड टेक भी प्रिजनार (प्रिजनर)? आई विल शी (सी) टू इट दैट ऑल दोज इन्वॉल्व्ड गो टू प्रिजान (प्रिजन) फॉर द रेश्ट (रेस्ट) ऑफ देयर लाइफ।" (मेरे प्लेन को हाईजैक करने की इनकी हिम्मत कैसे हुई? मैं ऐसी व्यवस्था करूँगी कि जो लोग इसमें शामिल हैं, उन्हें जीवन भर के लिए जेल की सजा मिले) नीलिमा गुप्ता ने अपने निकटस्थ विश्वास प्राप्त लोगों से कहा। उन्होंने एयर फोर्स अफसरों को फौरन उन्हें छोड़ देने का आदेश दिया और साउदर्न एयर कमांडर को नौकरी से 'निकाल' दिया। जाहिर था, किसी ने इसकी परवाह नहीं की। इस समय वे इंचार्ज थे, नीलिमा गुप्ता नहीं।

राष्ट्रीय सुरक्षा सलाहकार ने मदद करने की कोशिश की, लेकिन उन्हें

तुरंत चारों ओर से घेरकर अलग कमरे में ले जाया गया। रक्षा मंत्री और अन्य राजनीतिज्ञ भय के कारण उनके समर्थन में बोल नहीं पाए, या यह भी हो सकता है कि उनके द्वारा पाकिस्तानी प्रधानमंत्री को 'भारत रत्न' दिए जाने के प्रस्ताव को लेकर वे उनसे नाराज थे।

नीलिमा गुप्ता अपनी स्थिति को बरदाश्त नहीं कर पा रही थीं। वे लोगों को विश्वास दिलाने की कोशिश कर रही थीं और वायु सेना अधिकारियों व जवानों को जो कुछ हो रहा है, उसका विरोध करने के लिए उकसा रही थीं। इसी बीच साउदर्न एयर कमांडर अपने हाथ में हेडफोन लिये उनके पास आए। जनरल सुखबीर सिंह लाइन पर थे।

राष्ट्रीय सुरक्षा सलाहकार ने मदद करने की कोशिश की, लेकिन उन्हें तुरंत चारों ओर से घेरकर अलग कमरे में ले जाया गया। रक्षा मंत्री और अन्य राजनीतिज्ञ भय के कारण उनके समर्थन में बोल नहीं पाए, या यह भी हो सकता है कि उनके द्वारा पाकिस्तानी प्रधानमंत्री को 'भारत रत्न' दिए जाने के प्रस्ताव को लेकर वे उनसे नाराज थे।

"अगर आप चुप नहीं रहीं तो मुझे मीडिया को आपकी उन कॉल्स का ऑडियो टेप रिलीज कर देना होगा, जिनमें आपने वर्ष 2019 के चुनावों से पहले आई.एस.आई. और सी.आई.ए. को कॉल किया था। यह सब आपके राजनीतिक जीवन को चौपट कर देगा।" इसके बाद उन्होंने चुप्पी साथ ली।

दोपहर 12 बजकर 5 मिनट तक गुप्ता सरकार के दो मंत्रियों को छोड़कर अन्य सभी लोग भारतीय सेना की गिरफ्त में आ गए। सेना ने किसी सिविल अधिकारी या अन्य किसी सरकारी अधिकारियों पर कोई काररवाई नहीं की।

'छह के दल' ने कडक मेहता से मिलते समय इन योजनाओं के बारे में उन्हें नहीं बताया था।

दोपहर 12 बजकर 55 मिनट पर 'छह का दल' अपनी अलग-अलग

गाड़ियों में राष्ट्रपति भवन के लिए रवाना हुआ।

320 एकड़ के क्षेत्र में अवस्थित राष्ट्रपति की चार मंजिली इमारत में, जिसका निर्माण क्षेत्र 2 लाख वर्ग फीट है, कुल मिलाकर 340 विशाल कमरे हैं। इसके निर्माण में एक करोड़ ईंटों के अतिरिक्त 30 लाख क्यूबिक फीट पत्थरों के साथ थोड़े इस्पात का भी इस्तेमाल किया गया है। ब्रिटिश आर्किटेक्ट लुटियंस द्वारा परिकल्पित और सन् 1929 में निर्मित यह विशाल भवन एडवर्ड कालीन बारोक शैली का एक कलात्मक नमूना है, जिसमें इंडो-सारासेनिक ग्रीक कला तत्त्वों को बखूबी उकेरा गया है।

320 एकड़ के क्षेत्र में अवस्थित राष्ट्रपति की चार मंजिली इमारत में, जिसका निर्माण क्षेत्र 2 लाख वर्ग फीट है, कुल मिलाकर 340 विशाल कमरे हैं। इसके निर्माण में एक करोड़ ईंटों के अतिरिक्त 30 लाख क्यूबिक फीट पत्थरों के साथ थोड़े इस्पात का भी इस्तेमाल किया गया है। ब्रिटिश आर्किटेक्ट लुटियंस द्वारा परिकल्पित और सन् 1929 में निर्मित यह विशाल भवन एडवर्ड कालीन बारोक शैली का एक कलात्मक नमूना है, जिसमें इंडो-सारासेनिक ग्रीक कला तत्त्वों को बखूबी उकेरा गया है।

व्यापक रूप से औपचारिक 'रबर स्टैंप' माने जानेवाले भारत के राष्ट्रपति को लुटियंस में होनेवाले घटनाक्रम की जानकारी पहले ही मिल चुकी थी; लेकिन यह क्यों हुआ है? इसकी जानकारी उन्हें नहीं मिल पाई थी। और इस मामले में वे कुछ कर भी नहीं सकते थे। उन्हें आश्चर्य था कि सेना ने अब तक उन्हें क्यों नहीं गिरफ्तार किया था। उन्हें कैबिनेट सचिव और रक्षा सचिव से अलग-अलग यह भी पता चल गया था कि प्रधानमंत्री के साथ अनेक वी.वी.आई.पी. को लानेवाले 'एयर इंडिया वन' का अपहरण हो गया है और उसे दक्षिण के किसी स्थान पर, संभवतः श्रीलंका में, उतारा गया है।

'छह के दल' ने राष्ट्रपति भवन जाने के लिए सात अन्य लोगों को भी

बुलाया था। इसमें भारत के उपराष्ट्रपति (जो भारतीय संसद् में उच्च सदन राज्यसभा के सभापति भी थे), लोकसभा के अध्यक्ष, कैबिनेट सचिव, रक्षा सचिव, वित्त सचिव तथा विदेश सचिव के अतिरिक्त सूचना एवं प्रसारण मंत्रालय के सचिव भी शामिल थे। अंतिम व्यक्ति को, जो अन्य अधिकारियों की वरिष्ठता में नीचे थे, क्यों बुलाया गया, यह दूसरे छह लोगों के लिए रहस्य था।

बैठक राष्ट्रपति भवन के सफेद संगमरमर की दीवारों वाले असाधारण रूप से लंबे ड्रॉइंग रूम में आयोजित की गई, जिसमें 60 लोगों के बैठने की व्यवस्था थी। हलके फिरोजी रंग से सुसज्जित इस लंबे ड्रॉइंग रूम के दोनों दरवाजों के पास की दीवारों पर विशाल शीशों के अतिरिक्त एल.ई.डी. स्क्रीन भी लगाई गई थीं।

ड्रॉइंग रूम की मध्य दीवार पर विशाल पेंटिंग लगी थी, जिसमें भारत के प्रथम राष्ट्रपति डॉ. राजेंद्र प्रसाद को गणतंत्र दिवस की परेड में सलामी लेते हुए दिखाया गया था। उनके बगल में प्रथम प्रधानमंत्री जवाहरलाल नेहरू और उपराष्ट्रपति डॉ. एस. राधाकृष्णन के साथ अन्य लोग भी दिखाई दे रहे थे। ड्रॉइंग रूम की छत के बीचोबीच एक सीध में तीन भव्य शैंडीलियर लटके हुए थे।

ड्रॉइंग रूम की मध्य दीवार पर विशाल पेंटिंग लगी थी, जिसमें भारत के प्रथम राष्ट्रपति डॉ. राजेंद्र प्रसाद को गणतंत्र दिवस की परेड में सलामी लेते हुए दिखाया गया था। उनके बगल में प्रथम प्रधानमंत्री जवाहरलाल नेहरू और उपराष्ट्रपति डॉ. एस. राधाकृष्णन के साथ अन्य लोग भी दिखाई दे रहे थे। ड्रॉइंग रूम की छत के बीचोबीच एक सीध में तीन भव्य शैंडीलियर लटके हुए थे।

"सर, हमारे देश के राष्ट्रपति और भारतीय सेना के सर्वोच्च कमांडर के रूप में क्या आप हमें अपने नियोजित 'मिशन' को पूरा करने की स्पष्ट अनुमति प्रदान करते हैं?" जनरल सुखबीर सिंह ने भारत के चश्मानशीन, सिर से गंजे होते हुए राष्ट्रपति की आँखों में आँखें डालकर सीधा प्रश्न किया।

राष्ट्रपति ने लगभग पाँच मिनट सोचकर जवाब दिया, "देश की सुरक्षा और अखंडता की रक्षा के लिए जो आपको करना है, उसे कीजिए; लेकिन उसके तुरंत बाद जितनी जल्दी हो सके, देश में कानून व व्यवस्था के साथ-साथ गणतंत्र का कानून फिर से बहाल हो जाना चाहिए। प्रधानमंत्री तथा अन्य मंत्रियों को वापस जाकर अपना काम करने की अनुमति भी तुरंत दी जानी चाहिए।"

कडक मेहता ने सन् 2017 में उन्हें राष्ट्रपति पद के लिए खड़ा किया था और उन्होंने 'इलेक्टोरेल कॉलेज' में दो-तिहाई बहुमत प्राप्त कर चुनाव जीता था। उन्हें नीलिमा गुप्ता से नफरत थी, क्योंकि उन्हें विश्वास था कि नीलिमा गुप्ता ने चालाकी और धोखाधड़ी से अपने से कहीं ज्यादा योग्य प्रतिनिधि को हराकर, जिसके पास संसद् में उनसे ज्यादा सीटें थीं, प्रधानमंत्री का पद हड़प लिया है।

उसके बाद तीनों सर्विस चीफ और डायरेक्टर जनरल, सी.आर.पी.एफ. ने राष्ट्रपति को औपचारिक सैल्यूट दिया और कमरे से बाहर हो गए। उन्हें खुशी से भरा आश्चर्य था! उन्हें राष्ट्रपति के इतनी आसानी से मान जाने की उम्मीद नहीं थी। वे एक बुद्धिमान व्यक्ति हैं और देश-प्रेमी हैं।

"और आप अगले कुछ दिनों और संभवत: कुछ सप्ताहों में हमारे लिए जरूरी आर्थिक सहायता की मंजूरी की व्यवस्था करेंगे?" एयर चीफ मार्शल श्रीवास्तव ने भी वित्त सचिव की आँखों में देखते हुए प्रश्न किया। उत्तर में वित्त सचिव ने सिर हिलाकर अपनी सहमति प्रकट की। क्या उनके पास कोई दूसरा उपाय था?

उसके बाद तीनों सर्विस चीफ और डायरेक्टर जनरल, सी.आर.पी.एफ. ने राष्ट्रपति को औपचारिक सैल्यूट दिया और कमरे से बाहर हो गए। उन्हें खुशी से भरा आश्चर्य था! उन्हें राष्ट्रपति के इतनी आसानी से मान जाने की उम्मीद नहीं थी। वे एक बुद्धिमान व्यक्ति हैं और देश-प्रेमी हैं।

बाहर जाते समय रक्षा सचिव ने सेना अध्यक्ष के कान के पास जाकर

आहिस्ता से कहा, "अगर आप मेरी राय मानें, जनरल साहब!···उन्हें छोड़िए नहीं, कुछ बहाना बनाकर उन्हें जेल में ही रखिए, खासतौर पर उस महिला को।"

उसके बाद 'छह के दल' ने कडक मेहता के निवास-स्थान पर जाकर उनसे भेंट की और उन्हें अपने अगले कार्यक्रम के बारे में सबकुछ विस्तार से बता दिया। वे जान गए थे कि नीलिमा गुप्ता का खेल अब समाप्त हुआ और वे अब प्रधानमंत्री नहीं रहेंगी। और जल्द ही मेहता दोबारा प्रधानमंत्री की कुरसी पर बैठने जा रहे हैं।

उन्होंने एक बार फिर उनसे चीन के प्रधानमंत्री से संपर्क करने का अनुरोध किया। कड़क मेहता ने वादा किया कि वे अगले चौबीस घंटों में उनसे संपर्क करेंगे।

□

16

और विश्व देखता रहा!

मंगलवार, 4 अगस्त, 2020

राष्ट्रपति भवन में सूचना एवं प्रसारण मंत्रालय के सचिव के साथ बनाई गई योजना के अनुसार डायरेक्टर जनरल, सी.आर.पी.एफ. सहित तीनों सेनाओं के अध्यक्षों ने भारतीय समयानुसार दोपहर 4:30 बजे एक संयुक्त प्रेस कॉन्फ्रेंस को संबोधित किया।

तब तक दुनिया भर के मीडिया नेटवर्क ने भारत के बारे में 'भारत में सेना ने तख्ता पलटा', 'प्रधानमंत्री लापता', 'भारत सरकार के मंत्री सेना की हिरासत में', 'क्या भारत पाकिस्तान बनने जा रहा है?', 'भारत में भीषण उठा-पटक' और 'भारत में 43 वर्ष बाद फिर से इमरजेंसी' जैसी धुआँधार हेडलाइंस से होड़ मचा दी थी।

'भारत में तख्ता पलट', # 'भारतीय सेना ने तख्ता पलटा', # 'भारत का तख्ता पलटा' और # 'भारतीय प्रधानमंत्री लापता'—ये पाँच टॉप हैशटैग्स थे, जो उस समय 'ट्विटर वर्ल्ड वाइड' पर ट्रेंडिंग कर रहे थे।

प्रेस कॉन्फ्रेंस विज्ञान भवन के 1,280 सीटोंवाले प्लेनरी हॉल में आयोजित की गई थी। कॉन्फ्रेंस के स्थल का चुनाव दो कारणों से किया गया था—एक, इसमें बैठने की क्षमता बहुत विशाल थी और दूसरा, विज्ञान भवन से महत्त्वपूर्ण सरकारी कार्यालय नजदीक पड़ते थे। इसके अतिरिक्त, चाणक्यपुरी की दूरी भी बीस मिनट की ड्राइव से ज्यादा नहीं थी। इस कॉन्फ्रेंस में चूँकि तीनों सेनाध्यक्ष आने वाले थे, इसलिए भवन की सुरक्षा के लिए 160

कमांडो को नियुक्त किया गया था। प्रेस कॉन्फ्रेंस में 180 के लगभग मीडिया के लोगों के अतिरिक्त विदेशों के लगभग 160 अधिकारियों के साथ-साथ देश के 60 प्रतिष्ठित नागरिकों के अलावा तीनों सेनाओं और सी.आ.र.पी.एफ. एवं बी.एस.एफ. के लगभग 300 अधिकारियों को भी आमंत्रित किया गया था। इनमें अधिकांश उपस्थित हुए थे।

सूचना एवं प्रसारण मंत्रालय के सचिव ने अपने सभी स्टाफ को काम पर लगाया था। वे पिछले दो घंटों से फोन पर यह निश्चित करने में लगे हुए थे कि प्रमुख मीडिया के सभी या अधिकांश मीडियाकर्मी कॉन्फ्रेंस में उपस्थित हों। विदेश सचिव ने यही काम विदेशी दूतावासों से संपर्क करने में किया था। इसके अलावा, कैबिनेट सचिव और रक्षा सचिव ने अपने अधिकारियों से संपर्क किया था। राष्ट्रपति के निजी सचिव तथा उनके स्टाफ ने देश के प्रतिष्ठित नागरिकों से संपर्क करके उन्हें आमंत्रित किया था। आयशा बीबी भी दर्शक श्रेणी में मौजूद थी।

कॉन्फ्रेंस का समय भी बहुत सावधानी से चुना गया था। उस समय वॉशिंगटन में सुबह 7 बजे थे; बर्लिन, पेरिस, रोम तथा ब्रुसेल्स में दोपहर का 1 बजा था; मॉस्को, इस्तांबुल और रियाध में दोपहर के 2 बजे थे; तेहरान में दोपहर के 3.30, पाकिस्तान व ताजिकिस्तान में दोपहर के 4, बीजिंग में शाम के 7 और टोक्यो में रात के 8 बजे थे। ताजिकिस्तान को इतना महत्त्वपूर्ण क्यों?

कॉन्फ्रेंस का समय भी बहुत सावधानी से चुना गया था। उस समय वॉशिंगटन में सुबह 7 बजे थे; बर्लिन, पेरिस, रोम तथा ब्रुसेल्स में दोपहर का 1 बजा था; मॉस्को, इस्तांबुल और रियाध में दोपहर के 2 बजे थे; तेहरान में दोपहर के 3.30, पाकिस्तान व ताजिकिस्तान में दोपहर के 4, बीजिंग में शाम के 7 और टोक्यो में रात के 8 बजे थे। ताजिकिस्तान को इतना महत्त्वपूर्ण क्यों?

भारत में अधिकांश लोग अपने कार्यालयों या काम के स्थान में टेलीविजन

में देख पाएँगे, क्योंकि यह समय 'कार्य' के घंटों में पड़ता है।

भारत के सभी टी.वी. नेटवर्क्स और चैनलों ने इसका लाइव प्रसारण किया, जिसमें 'कमर्शियल ब्रेक' नहीं था। ऐसा ही प्रसारण पाकिस्तानी अल-जजीरा, सी.एन.एन., बी.बी.सी., एम.एस.एन.बी.सी., आर.टी., फॉक्स न्यूज, यूरो न्यूज, स्काई न्यूज सहित अन्य अंतरराष्ट्रीय चैनलों के नेटवर्क ने किया। इन सभी को सूचित कर दिया गया था।

जनरल सुखबीर सिंह ने अपने साथ मंच पर बैठे तीन व्यक्तियों का परिचय देकर अपने उद्बोधन में कहा, "मेरे प्यारे नागरिको और दुनिया भर में इस टी.वी. टेलीकॉस्ट को देख रहे लोगो! जैसाकि आप जान गए होंगे कि पंद्रह दिन पहले कश्मीर में भीषण आतंकी हमला हुआ था, जिसमें हमारे 77 सैनिक और 6 अधिकारी शहीद हो गए थे। जिस आकार और पैमाने पर यह हमला हुआ, वह हमारी नजर में युद्ध स्तर का हमला था। पिछले ग्यारह महीनों में हुए हमलों में यह नौवाँ हमला था। इन हमलों में सेना तथा हमारे अर्धसैनिक बलों को मिलाकर हम अब तक 321 फौजी जवानों को खो चुके हैं। इस मंच पर बैठे हम सब लोगों के साथ-साथ इंटेलिजेंस के अध्यक्षों ने आपस में मिलकर पाकिस्तान को उसके हमले का मुँहतोड़ जवाब देने और उसकी कमजोरियों पर प्रहार करने की एक सामरिक योजना बनाई है। मुझे क्षमा करें, मैं इस बारे में इससे ज्यादा नहीं बता पाऊँगा। लेकिन हमें विश्वास है कि हमारी यह कारवाई अगले कुछ वर्षों तक सीमा पार आतंकवाद को बंद कर देगी।"

इस मंच पर बैठे हम सब लोगों के साथ-साथ इंटेलिजेंस के अध्यक्षों ने आपस में मिलकर पाकिस्तान को उसके हमले का मुँहतोड़ जवाब देने और उसकी कमजोरियों पर प्रहार करने की एक सामरिक योजना बनाई है। मुझे क्षमा करें, मैं इस बारे में इससे ज्यादा नहीं बता पाऊँगा। लेकिन हमें विश्वास है कि हमारी यह कारवाई अगले कुछ वर्षों तक सीमा पार आतंकवाद को बंद कर देगी।

इसके बाद कॉन्फ्रेंस हॉल में एक धीमा शोर होने लगा। जनरल ने कुछ मिनट दर्शक दीर्घाओं पर नजर डालने में लगाए। इस बीच एक सहायक ने दर्शकों से, विशेष रूप से मीडिया को शांत रहकर व्यवस्था को बनाए रखने का अनुरोध किया।

"हमने बारह दिन पहले यह योजना प्रधानमंत्री तथा रक्षा मंत्री के सामने रखी थी, लेकिन प्रधानमंत्री ने अनुमति देने से इनकार कर दिया था। उसके बाद उन्होंने हमारे मिलने के सभी अनुरोधों को ठुकरा दिया। यह हमारा बहुत ही दुर्भाग्य है कि इसके परिणामस्वरूप हमें आज सुबह कुछ ऐसे कदम उठाने पर मजबूर होना पड़ा, जो भारत के इतिहास में पहले कभी नहीं उठाए और जिन्होंने निस्संदेह पूरे विश्व को पहले ही चौंका दिया है। ये कदम हमको अपने महान् देश की सुरक्षा और अखंडता की हिफाजत के लिए उठाने पड़े हैं। प्रधानमंत्री और उनकी कैबिनेट के मंत्री भारतीय सेना की संरक्षा में हैं। उन्हें कोई नुकसान नहीं पहुँचाया जाएगा। हमने महामहिम राष्ट्रपतिजी को हाथ तक नहीं लगाया है, जो हमारी सेना के कमांडर-इन-चीफ हैं और जिन्होंने हमें उपराष्ट्रपति, लोकसभा अध्यक्ष एवं भारत सरकार के कुछ वरिष्ठ सचिवों के समक्ष इस सामरिक योजना पर काम करने की स्पष्ट अनुमति प्रदान की है। हमने लोकसभा के सदस्यों या अधिकारियों, राज्यपालों या मुख्यमंत्रियों को भी हाथ नहीं लगाया है। जो अधिकारी और एस.पी.जी. कमांडो प्रधानमंत्री के साथ पाकिस्तान गए थे, उन्हें रिहा कर

हमने बारह दिन पहले यह योजना प्रधानमंत्री तथा रक्षा मंत्री के सामने रखी थी, लेकिन प्रधानमंत्री ने अनुमति देने से इनकार कर दिया था। उसके बाद उन्होंने हमारे मिलने के सभी अनुरोधों को ठुकरा दिया। यह हमारा बहुत ही दुर्भाग्य है कि इसके परिणामस्वरूप हमें आज सुबह कुछ ऐसे कदम उठाने पर मजबूर होना पड़ा, जो भारत के इतिहास में पहले कभी नहीं उठाए और जिन्होंने निस्संदेह पूरे विश्व को पहले ही चौंका दिया है।

दिया गया है और शीघ्र ही उनको दिल्ली पहुँचाने की व्यवस्था की जा रही है।" उन्होंने यह नहीं बताया कि राष्ट्रीय सुरक्षा सलाहकार को रिहा नहीं किया गया है।

जनरल सिंह के बाद एयर चीफ मार्शल श्रीवास्तव ने अपने भाषण में कहा, "यह सैन्य तख्ता पलट नहीं है। अपने पश्चिमी पड़ोसी की तरह हमारे महान् देश में सैन्य शासन कभी नहीं होगा, कम-से-कम हमारे जीवन काल में तो नहीं।" उन्होंने मंच पर बैठे साथियों की ओर इशारा करते हुए कहा, "यह सन् 1977 जैसी इमरजेंसी भी नहीं है। केंद्र सरकार जैसे चल रही थी, वैसे ही चलती रहेगी; लेकिन कुछ समय तक सरकार को मंत्रियों के बगैर चलना होगा। जीवन सामान्य रूप से जैसा चलता है, वैसा ही चलता रहेगा। मीडिया को पूर्ण स्वतंत्रता रहेगी। जब तक कोई सैन्य काररवाई में बाधा नहीं डालेगा, तब तक किसी को कोई नुकसान नहीं पहुँचाया जाएगा। यदि कोई ऐसा करता है तो उसे गिरफ्तार किया जाएगा, लेकिन उसको कोई नुकसान नहीं पहुँचाया जाएगा। अब तक पाकिस्तान जान गया है कि हमारे पास उस पर हमले का प्लान है। हमारी सेनाओं को बिना किसी बाधा के काम करने दिया जाए। जैसे ही हमारी सैन्य काररवाई पूरी हो जाती है, सभी मंत्रियों को रिहा कर दिया जाएगा और नागरिक प्रशासन लागू हो जाएगा।"

जनरल सिंह के बाद एयर चीफ मार्शल श्रीवास्तव ने अपने भाषण में कहा, "यह सैन्य तख्ता पलट नहीं है। अपने पश्चिमी पड़ोसी की तरह हमारे महान् देश में सैन्य शासन कभी नहीं होगा, कम-से-कम हमारे जीवन काल में तो नहीं।" उन्होंने मंच पर बैठे साथियों की ओर इशारा करते हुए कहा, "यह सन् 1977 जैसी इमरजेंसी भी नहीं है। केंद्र सरकार जैसे चल रही थी, वैसे ही चलती रहेगी; लेकिन कुछ समय तक सरकार को मंत्रियों के बगैर चलना होगा।

अगले वक्ता एडमिरल घोष थे। उन्होंने कहा, "अपने देशवासियों से

हमारा एक अनुरोध है कि यदि आप अपनी सेना का समर्थन करते हैं और दुर्भाग्यवश जो काररवाई हम करने जा रहे हैं तथा पाकिस्तान को मुँहतोड़ जवाब देने के हमारे प्लान से आप सहमत हैं तो कृपा करके दिल्ली के राजपथ पर, मुंबई के मैरीन ड्राइव पर, कोलकाता की रेड रोड पर, चेन्नई के अन्ना सलाई पर, बेंगलुरु के नए एयरपोर्ट पर, हैदराबाद में आउटर रिंग रोड पर, पुणे में ओल्ड मुंबई रोड पर और अमदाबाद में सरखेज गांधीनगर हाईवे पर आज रात 8.30 बजे खुलकर सामने आएँ और अपना समर्थन प्रदान करें। हम टेलीविजन चैनलों को इन स्थलों पर पहुँचने के लिए 'रोड मैप' का विवरण जारी कर देंगे और हम आशा करते हैं कि ये चैनल अगले दो-तीन घंटों में इस 'रोड-प्लान' को व्यापक रूप प्रचारित करेंगे। बेंगलुरु और चेन्नई में शाम 7.30 बजे से रात 11.30 बजे तक सभी फ्लाइट्स को 'रि-शेड्यूल' करने के लिए आदेश दे दिए गए हैं, ताकि यात्रियों को कोई परेशानी न हो।"

और अंत में, सी.आर.पी.एफ. (सेंट्रल रिजर्व पुलिस फोर्स) के डायरेक्टर जनरल ने अपने भाषण में कहा कि "आज शाम को जब आप मार्च करेंगे तो सी.आर.पी.एफ. आपको सुरक्षा प्रदान करेगी, जिसके पीछे फौज की सुरक्षा भी उपलब्ध होगी। कोई भी असामाजिक तत्त्व आपको परेशान नहीं कर पाएगा।

और अंत में, सी.आर.पी.एफ. (सेंट्रल रिजर्व पुलिस फोर्स) के डायरेक्टर जनरल ने अपने भाषण में कहा कि "आज शाम को जब आप मार्च करेंगे तो सी.आर.पी.एफ. आपको सुरक्षा प्रदान करेगी, जिसके पीछे फौज की सुरक्षा भी उपलब्ध होगी। कोई भी असामाजिक तत्त्व आपको परेशान नहीं कर पाएगा। सभा स्थलों पर निःशुल्क तिरंगे झंडों का वितरण किया जाएगा। प्रत्येक व्यक्ति को मिनरल वाटर की बोतल दी जाएगी। इसके अतिरिक्त, अस्थायी शौचालयों का भी प्रबंध किया जाएगा। हम यह देखना चाहते हैं कि हमारे देश की अधिकांश जनता हमारे साथ है या प्रधानमंत्री के साथ है।"

इस लाइव प्रसारण को दुनिया भर में 40 करोड़ से ज्यादा लोगों ने देखा।

विज्ञान भावन के प्लेरी हॉल में एयर कंडीशंड वातावरण के बावजूद आयशा बीबी का शरीर पसीने से लथपथ हो रहा था। उसके माता-पिता और छोटी बहन लाहौर में थे। क्या वे सुरक्षित हैं? क्या भारत लाहौर पर हमला करेगा? क्या वह उन्हें जिंदा देख पाएगी?

मॉस्को में ब्रिगेडियर फारूक हुसैन और कात्या पेट्रोव अपने अपार्टमेंट में लंच कर रहे थे। उस दौरान उन्होंने लाइव टी.वी. प्रसारण देखा। सभी जासूसों के लिए यह जरूरी नहीं था कि वे हर समय अपनी डेस्क पर मौजूद रहें। कात्या ने फारूक से इस संबंध में उसकी प्रतिक्रिया जाननी चाही। उसने कहा कि वह यह सब देखकर 'शॉक' में है और यह कि हिंदुस्तानी अपनी प्रतिक्रिया में कुछ ज्यादा ही कर रहे हैं। उसने बताया कि वह घर में अपने परिवार और दोस्तों के बारे चिंतित है। कात्या ने जवाब में कहा कि वह समझ सकती है।

मॉस्को में ब्रिगेडियर फारूक हुसैन और कात्या पेट्रोव अपने अपार्टमेंट में लंच कर रहे थे। उस दौरान उन्होंने लाइव टी.वी. प्रसारण देखा। सभी जासूसों के लिए यह जरूरी नहीं था कि वे हर समय अपनी डेस्क पर मौजूद रहें। कात्या ने फारूक से इस संबंध में उसकी प्रतिक्रिया जाननी चाही। उसने कहा कि वह यह सब देखकर 'शॉक' में है और यह कि हिंदुस्तानी अपनी प्रतिक्रिया में कुछ ज्यादा ही कर रहे हैं।

इस्लामाबाद में पाकिस्तान के विदेश मंत्रालय में इमरान-उल-हक उन बारह वरिष्ठ अधिकारियों में शामिल था, जिन्हें विदेश मंत्री ने अपने निजी कॉन्फ्रेंस रूम में इस समाचार के प्रसारण को देखने के लिए बुलाया था। प्रसारण के समाप्त होने के बाद वहाँ मौजूद तीन महिलाओं और नौ पुरुषों को यह समझ में नहीं आया कि वे क्या कहें। वे सभी प्रसारण को देखकर 'शॉक' थे। हक मन में सोच रहा था कि क्या वह वांग ली से इस बारे में कोई गोपनीय

सूचना प्राप्त कर सकता है, लेकिन वह चीनी औरत कैसे पता कर पाएगी? वे हिंदुस्तान के अच्छे दोस्तों में नहीं थे।

वांग ली भी राजदूत तथा अन्य वरि धिकारियों के साथ प्रेस कॉन्फ्रेंस का लाइव प्रसारण देख रही थी। प्रसारण समाप्त होने के बाद राजदूत ने कहा, "लगता है कि हमें जल्दी ही एक दूसरी विश्व शक्ति का सामना करना होगा।" वांग ली ने मन-ही-मन अपनी सहमति प्रदान की। अब वह जल्दी-से-जल्दी पाकिस्तान से बाहर भाग जाना चाहती थी।

उस रात आठ नामित शहरों में लगभग 20 लाख लोग सड़कों पर आ गए। इसके अलावा, देश के चालीस शहरों में, जिनमें सेना ने कोई प्रबंध नहीं किया था, करीब 30 लाख लोग घरों से बाहर निकलकर 'हिंदुस्तान जिंदाबाद, पाकिस्तान मुर्दाबाद!' और 'भारत माता की जय' जैसे नारों के साथ शहर की सड़कों पर चलने लगे। सिड के गृह प्रदेश तमिलनाडु में जनता तमिल में नारे लगा रही थी, 'नीडूजी वाजगा इंडिया' और 'पाकिस्तान ओजिगा'।

वांग ली भी राजदूत तथा अन्य वरिष्ठ अधिकारियों के साथ प्रेस कॉन्फ्रेंस का लाइव प्रसारण देख रही थी। प्रसारण समाप्त होने के बाद राजदूत ने कहा, "लगता है कि हमें जल्दी ही एक दूसरी विश्व शक्ति का सामना करना होगा।" वांग ली ने मन-ही-मन अपनी सहमति प्रदान की। अब वह जल्दी-से-जल्दी पाकिस्तान से बाहर भाग जाना चाहती थी।

नारों में 'मेहता'··· 'मेहता'··· के नाम भी सुने गए, जैसे लोग विरोधी पक्ष के नेता और पूर्व प्रधानमंत्री को फिर से देश की कमान सँभालने के लिए कह रहे हों।

भारत में उस शाम टॉप ट्रेंडिंग ट्विटर हैशटैग थे—# 'हम भारतीय सेनाओं का समर्थन करते हैं', # 'आपके साथ सेना बनी रहे', # 'इंडियन सेनाओं के साथ', # 'नीलिमा इस्तीफा दो', # 'नीलिमा हाय-हाय!', # 'पाकिस्तान से खबरदार' और # 'हम मेहता को चाहते हैं'।

भारतीय समयानुसार रात के 10 बजे तक अधिकांश लोगों को पता चल गया कि कौन जीता है? यहाँ तक कि नीलिमा गुप्ता ने भी सुलूर एयरपोर्ट में अपने विश्वस्त लोगों के सामने स्वीकार किया कि उन्होंने गलती की है।

क्या उनके पास दिल्ली जाकर भारतीय सेना, जो विजय प्राप्त करने जा रही है, उसका दावा करने का कोई उपाय है? क्या वे इंदिरा गांधी की तरह महान् नेता बन सकती हैं?

उस समय तक दुनिया आतंकित हो चुकी थी। दो परमाणु शक्ति-संपन्न पड़ोसी देश युद्ध की कगार पर थे। दुनिया भर में टॉप पाँच ट्रेंडिंग हैशटैग देखे गए—# 'भारत की पाकिस्तान को धमकी', # 'परमाणु युद्ध को रोको', # 'तीसरे विश्व युद्ध की आहट', # 'इंडो-पाक वॉर' और # 'साउथ एशिया आर्माडोन'।

अगले दो दिनों में भारत के सौ से अधिक शहरों में लाखों लोगों ने भारतीय तिरंगे को लहराते हुए सड़कों पर मार्च किया।

□

17

पाकिस्तान घबराया

नई दिल्ली में भारत की सशस्त्र सेनाओं के जनरलों की प्रेस कॉन्फ्रेंस के समाप्त होने के लगभग पाँच घंटे बाद और भारत के पचास से अधिक शहरों में लाखों लोगों के प्रदर्शन के करीब दो घंटे बाद पाकिस्तान के प्रधानमंत्री इरफान खान ने पाकिस्तानी समय के अनुसार रात 9.45 बजे (भारतीय समयानुसार रात 10 बजकर 15 मिनट पर) राष्ट्रीय सुरक्षा परिषद् (एन.एस.सी.) की मीटिंग की सदारत की।

इस्लामाबाद के '44,000 कॉन्स्टीट्यूशन एवेन्यू' में स्थित 55 साल पुराने प्राइम मिनिस्टर ऑफिस के विशाल कॉन्फ्रेंस रूम में 44 सीटोंवाली टीक वुड की विशाल चौकोर मेज लगी थी, जिसके बीच की खाली जगह को पच्चीकारी से सजाया गया था। ऊपर छत से तीन शैंडीलियर लटके थे। रूम के दोनों ओर फर्श से लेकर सीलिंग तक की दो खिड़कियाँ थीं। तीसरी ओर लकड़ी के फ्रेमों में जड़े सफेद पैनल थे। रूम में दो प्रोजेक्टर स्क्रीन्स को सीलिंग के दोनों कोनों से झुकाकर हेड चेयर के ठीक सामने लटकाया गया था।

प्रधानमंत्री का कार्यालय कॉम्प्लेक्स देखने में महल जैसा लगता था। प्रमुख भवन पाँच मंजिला था, जिसमें नौ छोटे गुंबदों के अलावा तीन मंजिलों की शाखाएँ गोलाई में घूमती हुई छोर तक जाती थीं। प्रत्येक शाखा में छोटे-छोटे छह गुंबद थे। कॉम्प्लेक्स के बाहर का प्रमुख द्वार बहुत प्रभावशाली था, जिसमें प्रवेश और निकास की व्यवस्था अलग से थी।

मीटिंग में जो मौजूद थे, उनमें 'चेयरमैन ऑफ द जॉइंट चीफ ऑफ स्टाफ कमेटी (सी.जे.सी.एस.सी.) के अलावा तीनों सेनाओं के अध्यक्ष—आई.एस.आई. के डायरेक्टर जनरल नवाज खान, नेशनल सिक्योरिटी एडवाइजर (एन.एस.ए.), चीफ ऑफ जनरल स्टाफ (सी.जी.एस.) और प्राइम मिनिस्टर के प्रिंसिपल सेक्रेटरी शामिल थे। अन्य आठ लोग जो उपस्थित थे, वे कुछ मायने नहीं रखते थे।

मीटिंग में आर्मी चीफ प्रधानमंत्री के दाईं ओर हेड टेबल पर बैठे थे और राष्ट्रीय सुरक्षा सलाहकार उनके बाईं ओर बैठे थे। बारह अन्य अधिकारी मेज के दोनों ओर बैठे थे। सेना अधिकारियों और प्रधानमंत्री के प्रमुख सचिव को छोड़कर शेष सभी परंपरागत पठान सूटों में थे। प्रधानमंत्री के प्रमुख सचिव ने टू पीस सूट पहना हुआ था।

मीटिंग में एक ऐक्शन प्लान बनाया गया। अगले 48 घंटों में आई.एस.आई. को भारतीय सेना के प्लान के बारे में जितनी हो सके, जानकारी प्राप्त करनी है। दुनिया भर में फैले आई.एस. आई. एजेंटों को बिना रुके काम करने पर लगा देना है।

सभी उपस्थित अधिकारियों ने केवल भारतीय सेना की प्रेस कॉन्फ्रेंस को देखा था, बल्कि उन्होंने यह भी देखा था कि किस प्रकार लाखों भारतीयों ने उनके देश के खिलाफ भारत की सैन्य काररवाई के समर्थन में कितने जोश के साथ सड़कों पर मार्च किया था।

मीटिंग में एक ऐक्शन प्लान बनाया गया। अगले 48 घंटों में आई.एस.आई. को भारतीय सेना के प्लान के बारे में जितनी हो सके, जानकारी प्राप्त करनी है। दुनिया भर में फैले आई.एस.आई. एजेंटों को बिना रुके काम करने पर लगा देना है।

प्रधानमंत्री निजी तौर पर अमेरिका, चीन और रूस के राष्ट्रपतियों से संपर्क करेंगे। वे विदेशों में खासतौर पर भारत, रूस और इजराइल में अपने राजदूतों से संपर्क कर भारत की सैन्य योजना के बारे में जो भी संभव

हो, जानकारी प्राप्त करेंगे। रूस और इजराइल भारत के प्रमुख हथियार आपूर्तिकर्ता हैं।

संयुक्त राष्ट्र के पाकिस्तानी राजदूत से कहा जाए कि वह राष्ट्रीय सुरक्षा परिषद् की आपातकालीन बैठक बुलाने का अनुरोध करे।

पाकिस्तान के चीफ ऑफ आर्मी स्टाफ जनरल इकबाल अहमद भारत में अपने समकक्ष अधिकारी से संपर्क करें। इसी प्रकार, आई.एस.आई. चीफ भारत में अपने समकक्ष अधिकारी 'रॉ' के सचिव से संपर्क करेंगे।

पाकिस्तानी समयानुसार रात 11 बजकर 5 मिनट पर मीटिंग समाप्त हो गई।

पाकिस्तानी समयानुसार रात 11 बजकर 20 मिनट पर (मॉस्को समय : शाम 8.50 बजे) प्रधानमंत्री इरफान खान ने रूस के राष्ट्रपति के लिए कॉल बुक की। बीस मिनट बाद उन्हें मॉस्को से गंजे व्यक्ति का, जिसे अपने माथे पर बनी त्योरी के लिए जाना था, वापसी कॉल आया।

पाकिस्तानी समयानुसार रात 11 बजकर 20 मिनट पर (मॉस्को समय : शाम 8.50 बजे) प्रधानमंत्री इरफान खान ने रूस के राष्ट्रपति के लिए कॉल बुक की। बीस मिनट बाद उन्हें मॉस्को से गंजे व्यक्ति का, जिसे अपने माथे पर बनी त्योरी के लिए जाना था, वापसी कॉल आया।

"मि. प्राइम मिनिस्टर, आपने मुझे फोन किया था? क्या वह भारत के सेना प्रमुख की प्रेस कॉन्फ्रेंस के बारे में था?"

"यस, मि. प्रेसीडेंट। मेरा आपसे अनुरोध है कि आप हिंदुस्तानियों को अपनी सीमा में रहने के लिए कहें।"

"वह प्रभुता-संपन्न देश है। है कि नहीं? मैं उनके सैनिक फैसलों में कैसे दखल दे सकता हूँ?"

"लेकिन वे आपके बहुत अच्छे दोस्तों में शामिल हैं।"

"मैं देशों से दोस्ती नहीं करता। मैं लोगों से दोस्ती करता हूँ। मेहता एक

अच्छे दोस्त हैं, लेकिन अब वे देश के मुखिया नहीं हैं। और उस औरत को मैं नहीं जानता।"

"लेकिन मि. प्रेसीडेंट···"

"गुड नाइट, मि. प्राइम मिनिस्टर!" और कॉल समाप्त हो गई। अगर हिंदुस्तानी युद्ध में गए तो वे रूस से और हथियार खरीदेंगे। इससे उनके देश के कमजोर अर्थतंत्र को मदद मिलेगी।

पाकिस्तानी समयानुसार आधी रात के तुरंत बाद वॉशिंगटन डी.सी. में बैठे सुनहरे बालोंवाले व्यक्ति का वापसी कॉल प्रधानमंत्री इरफान खान को मिला।

> ***"लेकिन वे आपके बहुत अच्छे दोस्तों में शामिल हैं।"***
> ***"मैं देशों से दोस्ती नहीं करता। मैं लोगों से दोस्ती करता हूँ। मेहता एक अच्छे दोस्त हैं, लेकिन अब वे देश के मुखिया नहीं हैं। और उस औरत को मैं नहीं जानता।"***
> ***"लेकिन मि. प्रेसीडेंट···"***

"मि. प्राइम मिनिस्टर, मैं जानता हूँ कि आप कॉल क्यों कर रहे हैं। मैंने भारतीय सेना की प्रेस कॉन्फ्रेंस को देखा है।"

"यस, मि. प्रेसीडेंट! कुछ कीजिए। आप दुनिया के सबसे ताकतवर व्यक्ति हैं। आप उन्हें रोक सकते हैं।"

"मैं आपको करीब दो वर्षों से आगाह कर रहा हूँ कि आतंकवाद को समर्थन देना बंद कीजिए।"

"लेकिन···"

"लेकिन-वेकिन कुछ नहीं। पिछले साल मार्च···या फिर फरवरी था··· मुझे याद नहीं···मैंने आपसे कहा था कि भारत का सब्र अब खत्म हो रहा है।"

"लेकिन मैंने पिछले रविवार और सोमवार को भारतीय प्रधानमंत्री से मीटिंग की है और हमने सभी मतभेदों को दूर कर लिया है।"

"वह सब अब संभव नहीं लगता, है कि नहीं! मुझे बहुत अफसोस है कि मैं इस मामले में आपकी सहायता नहीं कर सकता।" फिर एक क्षण

सोचकर उन्होंने कहा, "इसके अलावा उस औरत, जो आज वहाँ मुखिया है, से अभी तक मेरी मुलाकात नहीं हुई है। मेरे पहले दोस्त मेहता की बात और थी।"

"आपके नेशनल सिक्योरिटी एडवाइजर और सेक्रेटरी ऑफ डिफेंस निश्चित रूप से अपने भारतीय समकक्षों को जानते होंगे या फिर जनरलों को या उनमें किसी एक को जानते होंगे। मुझे यकीन है कि वे उनमें से किसी एक से बात तो कर ही सकते हैं!"

"जो भी हो, यह मानकर चलिए कि अमेरिका उन मामलों में हस्तक्षेप नहीं करता, जो स्पष्ट रूप से आपसी हैं। इसलिए, मि. प्राइम मिनिस्टर, अब गुड नाइट! मुझे कुछ जरूरी घरेलू मामले सुलझाने हैं।" और संपर्क कट गया।

"आपके नेशनल सिक्योरिटी एडवाइजर और सेक्रेटरी ऑफ डिफेंस निश्चित रूप से अपने भारतीय समकक्षों को जानते होंगे या फिर जनरलों को या उनमें किसी एक को जानते होंगे। मुझे यकीन है कि वे उनमें से किसी एक से बात तो कर ही सकते हैं!"

बुधवार, 5 अगस्त, 2020

पाकिस्तानी समयानुसार सुबह 6.30 बजे (पीकिंग में सुबह 9.30 बजे) प्रधानमंत्री इरफान खान को दुनिया के दूसरे सबसे बड़े ताकतवर व्यक्ति की ओर से वापसी कॉल मिला।

"गुड मार्निंग, मि. प्राइम मिनिस्टर।" चीन के राष्ट्रपति और चीन की कम्युनिस्ट पार्टी के जनरल सेक्रेटरी लाइन पर थे।

"गुड मार्निंग, मि. प्रेसीडेंट! मुझे आपकी मदद की जरूरत है।"

"किस प्रकार की मदद?"

"क्या आप भारत को हम पर हमला करने से रोक सकते हैं?"

"मुझे तो ऐसा नहीं लगता।"

"मेरे मन में ऐसा खयाल आया था। अगर वे हम पर हमला करते हैं तो क्या आप हमें सैनिक सहायता देना चाहेंगे?"

"मैं तीसरा विश्व युद्ध शुरू करना नहीं चाहता।"

"लेकिन…"

"वॉशिंगटन डी.सी. में अपनी शान में बैठे उस बुड्ढे गुब्बारे ने हमारे व्यापार पर जो पाबंदियाँ लगाई हैं, उन्हें देखते हुए हम अपने साधनों को खर्च करना नहीं चाहते। और फिर, भारतीय सेना मेरी बात क्यों सुनेगी?"

"एक दोस्त के नाते मि. खान, मेरी सलाह यह है कि अगर आप इंडिया को रोकना चाहते हैं तो आप इन दोनों आदमियों (हाफिज सईद और मौलाना मसूद अजहर) को आज लंच से पहले गिरफ्तार करें और उन्हें अपनी सुप्रीम कोर्ट के सामने पेश करें। उन्हें 'हाउस अरेस्ट' करने का ड्रामा अब और चलने वाला नहीं है। यह ड्रामा हद पार कर चुका है।"

"लेकिन, आप हमारे सबसे अजीज दोस्त हैं।"

"एक दोस्त के नाते मि. खान, मेरी सलाह यह है कि अगर आप इंडिया को रोकना चाहते हैं तो आप इन दोनों आदमियों (हाफिज सईद और मौलाना मसूद अजहर) को आज लंच से पहले गिरफ्तार करें और उन्हें अपनी सुप्रीम कोर्ट के सामने पेश करें। उन्हें 'हाउस अरेस्ट' करने का ड्रामा अब और चलने वाला नहीं है। यह ड्रामा हद पार कर चुका है।"

"लेकिन…"

"अब और लेकिन-वेकिन नहीं, मि. खान। गुड डे टू यू एंड गुड लक… जिसकी जरूरत आपको पड़ने वाली है।"

और कॉल समाप्त हो गई।

कडक मेहता चीन के राष्ट्रपति से पहले ही बात कर चुके थे। दोनों सहमत हो गए थे कि एक बार भारत का योजनाबद्ध ऐक्शन प्लान सफलतापूर्वक पूरा हो जाता है तो दोनों देश 'चीन-पाकिस्तान इकोनॉमिक कॉरीडोर (सी. पी.ई.सी.) में बराबर के भागीदार बन जाएँगे और इसका नाम बदलकर 'चाइना-इंडिया-पाकिस्तान इकोनॉमिक कॉरीडोर' (सी.आई.पी.ई.सी.) हो

जाएगा। चीन के राष्ट्रपति को विश्वास था कि मेहता बहुत जल्दी ही भारत की कमान सँभालने वापस आ जाएँगे।

पाकिस्तानी समयानुसार सुबह 7 बजे (भारत में सुबह 7.30 बजे) पाकिस्तानी सेना के चीफ कमांडर ने भारत में अपने समकक्ष जनरल सुखबीर सिंह से 'हॉट लाइन' पर संपर्क किया, जिसके जरिए इमरजेंसी में दोनों देशों के डायरेक्टर जनरल ऑफ मिलिटरी ऑपरेशंस आपस में बात कर सकते थे। एक मिनट में कॉल को भारतीय सेना के प्रमुख को ट्रांसफर कर दिया गया। ऐसा लगा, जैसे वे जनरल अहमद की कॉल का इंतजार ही कर रहे थे।

"कहिए जनाब, क्या हाल हैं? ऐसी क्या बात हो गई, जो सीधे मुझसे बात कर रहे हैं? कोई परेशानी की बात?" जनरल सिंह ने प्रश्न किया।

"हाल ठीक है, जनाब! परेशानियाँ तो आपको होनी चाहिए। हम न्यूक्लियर ताकत हैं।" जनरल अहमद ने तैश में आकर कहा।

"हमने पहले कई बार यह सुना है। मैं आपको बता देना चाहता हूँ...हम आपके सभी पंद्रह शहरों को नष्ट कर सकते हैं...मैं दोहराता हूँ, सभी बड़े पंद्रह शहरों को, जबकि आप सिर्फ हमारे चार बड़े शहरों तक ही पहुँच पाएँगे। तब तक हमारा एडवांस्ड एयर डिफेंस कवच आपके हमलों को नाकाम कर देगा।"

भारत ने हाल ही में रूस से एस-400 एडवांस्ड सरफेस-टू-सरफेस मिसाइल प्रणाली की पहली खेप में पाँच मिसाइलें ली हैं। एस-400 मिसाइल 250 किलोमीटर की रेंज में दुश्मन के विमानों और मिसाइलों को 'शूट डाउन' की क्षमता रखता है। उसकी बैटरी में चार ट्रांसपोर्टर इरेक्टर लॉञ्चर हैं, जो मिसाइलों को ले जाकर उन्हें लॉञ्च कर सकते हैं।

भारत ने हाल ही में रूस से एस-400 एडवांस्ड सरफेस-टू-सरफेस मिसाइल प्रणाली की पहली खेप में पाँच मिसाइलें ली हैं। एस-400 मिसाइल 250 किलोमीटर की रेंज में दुश्मन के विमानों और मिसाइलों को 'शूट डाउन'

की क्षमता रखता है। उसकी बैटरी में चार ट्रांसपोर्टर इरेक्टर लॉन्चर हैं, जो मिसाइलों को ले जाकर उन्हें लॉन्च कर सकते हैं। प्रत्येक टी.ई.एल. में चार लॉन्च ट्यूब्स हैं। यह मिसाइल प्रणाली सरफेस-टू-एयर मिसाइलों पर हमला करके आनेवाली मिसाइलों एवं अन्य हवाई हमलों को नष्ट करके एक रक्षा कवच का काम करती है।

"क्या यह भी कोई खतरा है ?" जनरल अहमद ने ऐंठते हुए कहा।

"जनरल, मुझे मालूम है कि आपके सात पोते और पोतियाँ हैं। उनमें से सबसे छोटा तीन साल का है और आप उसकी मौत का कारण बनना नहीं चाहेंगे। इसलिए आप अब यह खेल खेलना बंद कर दीजिए।"

"लेकिन…"

"आप जानते हैं कि भारत परमाणु अस्त्रों के प्रयोग में कभी पहल नहीं करेगा। इसलिए यदि पाकिस्तान के खात्मे का कोई जिम्मेदार होगा तो आप होंगे, मैं नहीं।"

और कॉल बिना 'गुडबाय' के समाप्त हो गया।

जनरल इकबाल अहमद ने जब चीफ ऑफ जनरल स्टाफ (सी.जी.एस.) और आई.एस.आई. के डायरेक्टर जनरल को इस कॉल के बारे में बताया तो तीनों ने यह स्वीकार किया कि आई.एस.आई. चीफ द्वारा 'रॉ' के चीफ से संपर्क करना अब व्यर्थ होगा और बात वहीं समाप्त हो गई। अगली मुलाकात में वे प्रधानमंत्री को सूचित कर देंगे। जो भी हो, कॉल का निर्णय प्रधानमंत्री का नहीं था।

भारतीय समयानुसार रात 9 बजे (पाकिस्तान में रात 8.30 बजे) 'छह के दल' ने नई दिल्ली स्थित सैन्य मुख्यालय के सेना भवन में मुलाकात की।

अब उन्हें गोपनीय स्थल पर मिलने की जरूरत नहीं थी। जनरल सिंह ने अपने पाँच सहयोगियों को जनरल अहमद की कॉल के बारे में बताया।

क्या पाकिस्तान को धमकाना इतना आसान है ?

□

18

इंटेलिजेंस हासिल करो, खरीद लो!

मंगलवार, 4 अगस्त, 2020

पाकिस्तानी समयानुसार सुबह 11.15 बजे आई.एस.आई. के मेजर जनरल फजल मिर्जा ने अपने मोबाइल पर इमरान-उल-हक से संपर्क किया। जब उसने कोई जवाब नहीं दिया तो मिर्जा ने उसके निवास पर फोन किया।

"जब हम भारत के हमले के लिए तैयारी कर रहे हैं तो ऐसा कैसे हो सकता है कि तुम मेरे फोन का जवाब न दो?"

"माफ करें, सर! बात यह है कि मेरी आदत है कि सोने से पहले फोन को 'साइलेंट' कर देता हूँ।"

"इमरान भाई, कुछ दिनों तक हम लोगों को सोना नहीं है। इसलिए फोन को साइलेंट करना बंद करो। फौरन अपनी चीनी लड़की को तैयार करो। चीनियों के पास इस इलाके की खास इंटेलिजेंस (खबरें) होती हैं। हम वे सब जानना चाहते हैं, जो वे जानते हैं। कल शाम तक, अगर जरूरत पड़े तो, उसे 2 लाख डॉलर का ऑफर दो।"

"यस सर!" हक ने कहा, "लेकिन बात यह है कि उसे शराब में मदहोश करने के लिए कल रात 10 बजे तक का समय चाहिए, क्योंकि बिना मदहोश हुए वह मुँह खोलनेवाली नहीं है।"

"ठीक है। आधी रात के बाद मुझे रिपोर्ट करो।"

"यस सर!"

बुधवार, 5 अगस्त, 2020

पाकिस्तान के समयानुसार, सुबह 6.55 बजे हक ने ली को फोन किया और शाम 7 बजे डिनर का टाइम फिक्स किया। उस रात वह सो नहीं पाया था।

पाकिस्तानी समयानुसार, सुबह 8.40 बजे (मॉस्को समय सुबह 6.40) आई.एस.आई. के मेजर जनरल ने मॉस्को में अपने टॉप एजेंट से संपर्क करके उसे आदेश दिया कि वह रूस के विदेश मंत्रालय में 'इंडिया डेस्क' के अध्यक्ष से जितनी भी हो सके, सभी जानकारी हासिल करे। जनरल ने हुसैन को बताया कि यदि वह प्रस्तावित भारतीय हमले की विस्तृत जानकारी हमें देगी तो आई.एस.आई. उसे 2 लाख डॉलर तक देने को तैयार है।

लेकिन वह इतनी सुबह तो कभी फोन नहीं करता। उसे मालूम था कि भारत के हमले का मामला है और वह उससे जानकारी हासिल करने के लिए कहेगा।

पाकिस्तानी समयानुसार, सुबह 8.40 बजे (मॉस्को समय सुबह 6.40) आई.एस.आई. के मेजर जनरल ने मॉस्को में अपने टॉप एजेंट से संपर्क करके उसे आदेश दिया कि वह रूस के विदेश मंत्रालय में 'इंडिया डेस्क' के अध्यक्ष से जितनी भी हो सके, सभी जानकारी हासिल करे। जनरल ने हुसैन को बताया कि यदि वह प्रस्तावित भारतीय हमले की विस्तृत जानकारी हमें देगी तो आई.एस.आई. उसे 2 लाख डॉलर तक देने को तैयार है।

अपने बॉस की कॉल समाप्त होने के फौरन बाद ब्रिगेडियर हुसैन ने कात्या पेट्रोव के मोबाइल पर फोन किया और उसे मॉस्को शहर से बाहर एक 'कैफे' में ब्रेकफास्ट के लिए बुलाया। उसने पूछा कि वह इतनी दूर क्यों मिलना चाहता है ? उसने कहा कि वह फोन पर नहीं बता सकता। लेकिन वह कुछ परेशानी में है। उसने पूछा कि क्या वह भारत के हमले के बारे में है ?

लेकिन उसने कहा कि इससे ज्यादा वह फोन पर नहीं बता सकता।

भारतीय समयानुसार सुबह 10 बजे (पाकिस्तान में सुबह 9.30 बजे) नई दिल्ली में पाकिस्तान के उच्चायुक्त ने अपने सभी एग्जीक्यूटिव मेंबर्स के साथ मीटिंग की। उन्हें अपने मुल्क पर हमले के बारे में ज्यादा-से-ज्यादा जानकारी हासिल करनी है। उच्चायोग में छिपकर काम करनेवाले तीन आई.एस.आई. एजेंटों ने प्रत्येक मेंबर को चार 'बर्नर' फोन दिए गए और उन्हें सख्ती से ताकीद की कि वे अपने फोन का इस्तेमाल न करें, क्योंकि भारत की 'रॉ' और आई.बी. एजेंसियाँ निश्चित तौर पर उनके फोन ट्रैप कर रही होंगी।

उसे याद आया, एक बार सिड ने अपने सबसे बड़े भाई का जिक्र किया था, जो भारतीय सेना में एक बड़ा अफसर है। लेकिन उससे यह सब जानकारी वह कैसे प्राप्त कर सकती है? उसने उच्चायोग में एक आई.एस. आई. एजेंट से पूछा। उसने उसे एक सीधा-सादा प्लान दे दिया। जासूस लोग अपना काम जानते हैं, उसके जेहन में आया।

आयशा बीबी घबराई हुई थी। वह भारत को कितना भी चाहती हो, पर वह पाकिस्तान की बरबादी देखना नहीं चाहती थी। उसे अपने अम्मी-अब्बू और छोटी बहन से प्यार था। इसके अलावा उसकी मौसियाँ-मौसे, चाचा-चाची थे, जिन्होंने बचपन में उसे प्यार से पाला था और दर्जनों बहनें व भाई थे, जिनके साथ उसने बचपन गुजारा था। वह ऐसे वक्त में उन्हें कैसे भुला सकती है? दूसरी तरफ, वह उस अवसर को भी खोना नहीं चाहती, जो भारत ने उसे दिया है। वह सिड से भी प्यार करती है।

उसे याद आया, एक बार सिड ने अपने सबसे बड़े भाई का जिक्र किया था, जो भारतीय सेना में एक बड़ा अफसर है। लेकिन उससे यह सब जानकारी वह कैसे प्राप्त कर सकती है? उसने उच्चायोग में एक आई.एस.आई. एजेंट से पूछा। उसने उसे एक सीधा-सादा प्लान दे दिया। जासूस लोग अपना काम जानते हैं, उसके जेहन में आया।

आयशा ने 'बर्नर' फोन से सिड से बात करनी चाही। पर उसने कोई जवाब नहीं दिया। उसने फिर फोन किया। तब भी कोई जवाब नहीं मिला। जब उसने तीसरी बार फोन किया तो सिड के निजी सहायक ने फोन उठाया। उसने जब अपने बारे में बताया तो सिड फौरन लाइन पर आ गया।

"मैं मुसीबत में हूँ, सिड! और मुझे तुम्हारी मदद की जरूरत है।"

"बताओ, क्या बात है, आयशा?"

"तुम जानते हो कि हमारे देश जल्दी ही जंग शुरू करने वाले हैं। मेरे बॉस ने कहा है कि मुझे अब किसी भी दिन पाकिस्तान लौट जाना पड़ेगा और मैं जाना नहीं चाहती। लेकिन मैं अपने माता-पिता और बहन को सुरक्षित रूप से पाकिस्तान से बाहर लाना चाहती हूँ। क्या तुम सोच सकते हो कि तुम्हारे भाई, जो भारतीय सेना में हैं, किसी तरह मेरी मदद कर सकते हैं? मैं यहाँ आई.एस.आई. की सारी गोपनीय काररवाइयों की जानकारी देने के लिए तैयार हूँ। इसके अलावा, मेरे पास जो जानकारी है, वह भी देने को तैयार हूँ।"

तुम जानते हो कि हमारे देश जल्दी ही जंग शुरू करने वाले हैं। मेरे बॉस ने कहा है कि मुझे अब किसी भी दिन पाकिस्तान लौट जाना पड़ेगा और मैं जाना नहीं चाहती। लेकिन मैं अपने माता-पिता और बहन को सुरक्षित रूप से पाकिस्तान से बाहर लाना चाहती हूँ। क्या तुम सोच सकते हो कि तुम्हारे भाई, जो भारतीय सेना में हैं, किसी तरह मेरी मदद कर सकते हैं?

"मुझे उनसे एक बार बात करने दो। बात करके मैं तुम्हें कॉल करता हूँ। कल की घटनाओं के मद्देनजर मैं कह नहीं सकता कि कितनी देर में मैं उनसे बात कर पाऊँगा।" सिड नहीं जानता था कि उस पर विश्वास करे या न करे। जो भी हो, है तो वह पाकिस्तानी!

"ठीक है, मेरे जानेमन।"

"पहली बार तुमने इस लफ्ज का इस्तेमाल किया है।

"हाँ, मेरी जान।"

"क्या तुम मुझसे प्यार करती हो?"

"हाँ, मैं प्यार करती हूँ।"

"मैं भी तुम्हें प्यार करता हूँ। मैं तुम्हें बचाने की अपनी भरसक कोशिश करूँगा।" अंत में उसने कह ही दिया। इसका मतलब यह है कि अब तक का प्यार सिर्फ 'सेक्स' के लिए नहीं था। या फिर वह झूठ बोल रहा है? क्या इसके लिए कोई वजह हो सकती है?

फारूक और कात्या मॉस्को के समयानुसार सुबह 8.10 बजे (पाकिस्तानी समय : सुबह 10 बजे) मॉस्को के ऑस्टेनकिंगस्की जिले की बोरिसा गलशकिना स्ट्रीट पर स्थित मेटसोनी कैफे में मिले। यह राजनयिकों और जासूसों के मिलने की जगह नहीं थी, जहाँ आमतौर पर वे मिलते हैं। उसे बड़ी चिंता थी कि वह किस प्रकार की मुसीबत में फँसा है। उसने पाकिस्तान पर भारत के हमले के बारे में बताया और यह भी बताया कि आनेवाले युद्ध में भाग लेने के लिए उसे पाकिस्तान बुलाया जा सकता है।

"क्या तुम मुझसे प्यार करती हो?"
"हाँ, मैं प्यार करती हूँ।"
"मैं भी तुम्हें प्यार करता हूँ। मैं तुम्हें बचाने की अपनी भरसक कोशिश करूँगा।" अंत में उसने कह ही दिया। इसका मतलब यह है कि अब तक का प्यार सिर्फ 'सेक्स' के लिए नहीं था। या फिर वह झूठ बोल रहा है? क्या इसके लिए कोई वजह हो सकती है?

"जब तक तुम कैसे भी करके मेरी मदद नहीं करोगी तो हो सकता है कि मैं कभी मॉस्को नहीं लौट पाऊँ या तुम्हारे साथ लंदन नहीं जा पाऊँ!"

"मेरी जान, तुम बताओ, मैं तुम्हारे लिए क्या कर सकती हूँ?"

"देखो...तुम 'इंडिया डेस्क' की हेड हो और रूस व भारत सिर्फ बहुत अच्छे दोस्त ही नहीं हैं, बल्कि रूस भारत को हथियार सप्लाई करनेवाला सबसे बड़ा सप्लायर भी है। जाहिर है कि तुम्हारे मंत्री भारत के प्लान के बारे

में जानते होंगे। अगर मैं अपने बॉस को उपयोगी जानकारी देना शुरू कर दूँ तो शायद वे मुझे यहाँ रखें।"

"लेकिन, यदि मैं पकड़ी गई तो जीवन भर के लिए मुझे 'ब्लैक डॉलफिन' जेल या उस जैसी अन्य जेल में जाना पड़ सकता है।"

"इंडिया के बारे में जानकारी देने से तुम दरअसल रूस से गद्दारी तो नहीं कर रही हो। और फिर, हम ऐसा पक्का इंतजाम कर देंगे कि रूस की सरकार तुम्हें पकड़ नहीं पाएगी। हम लोग शहर के पापा'ज या अन्य बार एवं रेस्त्राँओं की बजाय ऐसी जगहों पर ही मिलेंगे।"

"अब तो तुम जासूस लग रहे हो, मेरी जान!"

"कात्या, मैं जासूस ही हूँ और मैं आई.एस.आई. के लिए काम करता हूँ और मेरे बॉस ने तुम्हारी सर्विस के लिए 1 लाख डॉलर का ऑफर दिया है।"

"इसका मतलब यह हुआ कि इतने दिनों तक तुम मेरी जासूसी करते रहे हो। तुम मुझे प्यार नहीं करते? फारूक, बोलो, तुम मुझसे प्यार करते हो?"

"अब तो तुम जासूस लग रहे हो, मेरी जान!"
"कात्या, मैं जासूस ही हूँ और मैं आई.एस.आई. के लिए काम करता हूँ और मेरे बॉस ने तुम्हारी सर्विस के लिए 1 लाख डॉलर का ऑफर दिया है।"
"इसका मतलब यह हुआ कि इतने दिनों तक तुम मेरी जासूसी करते रहे हो। तुम मुझे प्यार नहीं करते? फारूक, बोलो, तुम मुझसे प्यार करते हो?"

"कात्या, मैं तुमसे जरूर प्यार करता हूँ, पर अब अपनी ड्यूटी निभा रहा हूँ। तुम मेरे लिए या पैसे के लिए या दोनों के लिए यह काम कर सकती हो?"

"डियर, मैं तुम्हारे लिए जरूर काम कर सकती हूँ। सिर्फ इसलिए नहीं कि मैं वहाँ 'इंडिया डेस्क' पर काम करती हूँ, बल्कि इसलिए कि मैं एफ.एस.बी. के सीनियर अफसरों को जानती हूँ। लेकिन इसका खर्च तुम जो कह रहे हो, उससे दोगुना होगा, क्योंकि मुझे उन्हें देना होगा।"

"तुम उन्हें कैसे जानती हो?" क्या मालूम, आखिर में वह खुद ही एफ.एस.बी. एजेंट निकले! क्या वह उस पर भरोसा कर सकता है?

"यह बात फिर कभी के लिए, जानेमन! शहर के बाहर आज रात के लिए कोई सस्ता होटल बुक करो और मुझे 'कोडवर्ड' में उसका नाम मैसेज करो। कोडवर्ड में दो अक्षरों को बदल दो। जहाँ 'सी' आता हो, उसकी जगह 'ए' का प्रयोग करो। 'डी' की जगह 'बी' का प्रयोग करो। जब तक स्थिति सामान्य नहीं हो जाती, तब तक हम लोग रोजाना कोडवर्ड बदलते रहेंगे। मैं तुम्हें शाम 7.30 बजे मिलूँगी और वादा करती हूँ कि अपने प्यार को मॉस्को में बनाए रखने के लिए मैं सबकुछ करूँगी। 1 लाख डॉलर अपने साथ लेते लाना और बाकी के 1 लाख डॉलर एक या दो दिन में दे देना।"

यह बात फिर कभी के लिए, जानेमन! शहर के बाहर आज रात के लिए कोई सस्ता होटल बुक करो और मुझे 'कोडवर्ड' में उसका नाम मैसेज करो। कोडवर्ड में दो अक्षरों को बदल दो। जहाँ 'सी' आता हो, उसकी जगह 'ए' का प्रयोग करो। 'डी' की जगह 'बी' का प्रयोग करो। जब तक स्थिति सामान्य नहीं हो जाती, तब तक हम लोग रोजाना कोडवर्ड बदलते रहेंगे।

"ओ.के.।" उसने चुंबन के साथ उसे विदा किया। वह जरूर जासूस है, अन्यथा वह कोडवर्ड का इस्तेमाल कैसे जानती है? लेकिन क्या वह उसके लिए काम कर रही है या पैसों के लिए?

भारतीय समयानुसार, दोपहर 2.40 बजे सिड ने बीबी को उसके दूसरे बर्नर फोन पर संपर्क किया। पहले बर्नर फोन से मैसेज करने के बाद उसने आदेश के अनुसार उसे नष्ट कर दिया था।

"मेरे भाई दिल्ली में हैं और वे तुमसे आज शाम 8.30 बजे मिल सकते हैं। तुम 7.30 बजे तक डी.एल.एफ. प्रोमनेड मॉल में पहुँच जाओ। वहाँ बेसमेंट के पार्किंग स्पॉट नं. 28 में सफेद मारुति डिजायर कार तुम्हारा इंतजार कर रही होगी। कार में बैठ जाओ।"

"ठीक है।"

"वे लोग तुमसे 'पासवर्ड' पूछेंगे। यह पासवर्ड 'सिड्स गर्ल' है। हो सकता है कि वे तुम्हारी आँखों पर पट्टी बाँधें। इस असुविधा के लिए तुम मुझे माफ करोगी। वर्तमान परिस्थिति में उन्हें ज्यादा एहतियात बरतना होगा। तुम्हारा जो नंबर होगा, उसे तुम मुझे मैसेज कर देना, क्योंकि हो सकता है कि मेरे भाई के लोगों को तुम्हें फोन करना पड़ जाए।"

"वे लोग तुमसे 'पासवर्ड' पूछेंगे। यह पासवर्ड 'सिड्स गर्ल' है। हो सकता है कि वे तुम्हारी आँखों पर पट्टी बाँधें। इस असुविधा के लिए तुम मुझे माफ करोगी। वर्तमान परिस्थिति में उन्हें ज्यादा एहतियात बरतना होगा। तुम्हारा जो नंबर होगा, उसे तुम मुझे मैसेज कर देना, क्योंकि हो सकता है कि मेरे भाई के लोगों को तुम्हें फोन करना पड़ जाए।"

"ओ.के.। ढेर सारा शुक्रिया, मेरी जान! मैं तुम्हें प्यार करती हूँ।"

पाकिस्तानी समयानुसार शाम 7.30 बजे (भारतीय समय शाम 8 बजे) इस्लामाबाद के सेरेना होटल में इमरान-उल-हक ने वांग ली से मुलाकात की। यह वही सेरेना होटल था, जहाँ वे नौ महीने पहले पहली बार मिले थे।

उसने अंडरग्राउंड बार में पहले ही बहुत स्ट्रांग स्कॉच की दो बोतलों का इंतजाम किया था। उसने बार वेंडर को यह आदेश दिया था कि वह उसके पेगों में आधा पानी मिलाए और महिला दोस्त के पेगों में पहले दो को छोड़कर बाकी पेगों में कोई मिलावट न करे और नीट सर्व करे।

रात 9.30 बजे तक ली ने लगभग पाँच लार्ज पेग खल्लास कर दिए और वह बात करने के लिए तैयार थी। हक ने पूछा, "क्या वह भारत द्वारा पाकिस्तान पर हमले के बारे में कुछ जानती है?"

छोटे-छोटे टुकड़ों में उसने धीरे-धीरे सबकुछ बता दिया, जो वह जानती थी। उसे पैसा देने की जरूरत भी नहीं पड़ी।

उन्हें बीजिंग से आदेश मिला है। पाकिस्तान में रह रहे सभी चीनी

राजनयिकों और चीन सरकार के अधिकारियों को अपने परिवारों सहित वापस चीन लौट जाना है। एक दूसरी एडवाइजरी में सभी चीनी व्यापारियों, ठेकेदारों, पर्यटकों और अन्य लोग—जो इस समय चीन में हैं—सभी को यहीं काम करना है। इसके लिए चीन की सरकार 23 अगस्त तक पाकिस्तान में छह यात्री विमान भेजने जा रही है। उनके दो-दो विमान लाहौर और इस्लामाबाद तथा एक-एक विमान मुल्तान और कराची में आएँगे। इस बीच किसी भी यात्री को पाकिस्तान की यात्रा नहीं करने दी जाएगी।

चीनी दूतावास के सभी कर्मचारियों और पाकिस्तान में रह रहे चीन के अन्य कर्मचारियों को इस महीने की 28 तारीख तक बाकायदा तैयारी के साथ पाकिस्तान छोड़ने के लिए तैयार रहना है। इनमें एस.एस.बी. एजेंट भी शामिल हैं। चीन चार और यात्री विमान अंतिम रूप से खाली करने के लिए पाकिस्तान भेजेगा।

चीनी दूतावास के सभी कर्मचारियों और पाकिस्तान में रह रहे चीन के अन्य कर्मचारियों को इस महीने की 28 तारीख तक बाकायदा तैयारी के साथ पाकिस्तान छोड़ने के लिए तैयार रहना है। इनमें एस.एस.बी. एजेंट भी शामिल हैं। चीन चार और यात्री विमान अंतिम रूप से खाली करने के लिए पाकिस्तान भेजेगा।

पाकिस्तानी समयानुसार, रात के करीब 10.40 बजे तक दोनों का डिनर समाप्त हो गया। उसके बाद हक ने मेजर जनरल मिर्जा को फोन किया। मिर्जा ने उसे फौरन आई.एस.आई. हेडक्वार्टर आने को कहा। हेडक्वार्टर में हक ने मिर्जा और तीन अन्य व्यक्तियों से मुलाकात की, जिन्हें वह पहचान नहीं पाया।

उसने वह सब बताया, जो उसे वांग ली ने बताया था। मिर्जा ने उसे इस कीमती जानकारी के लिए शुक्रिया अदा किया और उसे याद दिलाया कि वह बहुत जल्दी विदेश सचिव बनने वाला है। हक को हेडक्वार्टर्स छोड़ते समय अपने पर नाज हो रहा था। वह इसलिए भी बहुत खुश था, क्योंकि वह अपने

भाई के मरने का बदला लेने में अपना रोल निभाएगा। उसका छोटा भाई सन् 1999 में हुए कारगिल युद्ध में शहीद हो गया था।

पाकिस्तानी समयानुसार, रात 8.30 बजे तक आयशा बीबी सिड के भाई लेफ्टिनेंट जनरल पी.आर. सूर्यनारायण के निवास-स्थान पर पहुँच गई थी। जैसाकि सिड ने बताया, उसे मारुति डिजायर कार सही वक्त पर मिल गई थी। और कार की यात्रा के दौरान उसकी आँखों पर पट्टी बाँधी गई थी। तीन लोग, जो उसके साथ कार में यात्रा कर रहे थे, उन्होंने उसके साथ बहुत अच्छा व्यवहार किया था।

डिनर में उसने उसे भारत में बसने के बारे में बताया। उसने कहा कि वह अपने माता-पिता और बहन को पाकिस्तान से बाहर लाना चाहती है, क्योंकि उनकी सुरक्षा को खतरा है। हो सकता है, इससे पहले कि पाकिस्तानी सरकार को इसकी भनक लगे, वह उनसे छुट्टियाँ बिताने के लिए श्रीलंका या मालदीव अथवा दुबई की यात्रा करने को कहे। जनरल ने कहा कि यह बहुत अच्छा आइडिया है।

डिनर में उसने उसे भारत में बसने के बारे में बताया। उसने कहा कि वह अपने माता-पिता और बहन को पाकिस्तान से बाहर लाना चाहती है, क्योंकि उनकी सुरक्षा को खतरा है। हो सकता है, इससे पहले कि पाकिस्तानी सरकार को इसकी भनक लगे, वह उनसे छुट्टियाँ बिताने के लिए श्रीलंका या मालदीव अथवा दुबई की यात्रा करने को कहे। जनरल ने कहा कि यह बहुत अच्छा आइडिया है।

"सर, मैं अपने परिवार को किस अंतिम तिथि तक वहाँ से बाहर निकलने के लिए कहूँ?"

"मेरी प्यारी दोस्त! मेरे हिसाब से वह तिथि इस महीने की 28 तारीख से पहले की हो सकती है। क्या मेरा भाई तुमसे प्यार करता है? क्या वह तुमसे शादी करेगा? क्या वह अपना घर बसाएगा?"

उसके चेहरे पर संकोच की मुसकराहट फैल गई। लेकिन जनरल जानता था कि सच क्या है!

बीबी को ले. जनरल सूर्यनारायण के घर से अपने फ्लैट पहुँचने में रात के 10.45 बज गए। उसने सोचा कि इस वक्त उच्चायोग को डिस्टर्ब करना ठीक नहीं होगा और यह कि वह उन्हें कल सुबह सूचित कर देगी। जो भी हो, अभी तेईस दिन का वक्त है।

जैसे ही बीबी ने प्रस्थान किया, ले. जनरल ने जनरल सुखबीर सिंह से संपर्क किया और कोडवर्ड में कहा, "नौजवान महिला सही डेट्स से कैलेंडर पर मार्क लगाएगी।" जनरल समझ गए और उन्होंने अपने साथी को धन्यवाद दिया।

उसके बाद उसने अपने सबसे छोटे भाई सिड से बात की, "सिड, तुम्हारी गर्लफ्रेंड ने मुझसे सिर्फ सवाल किए, लेकिन अपने सहयोगियों के बारे में कुछ नहीं बताया और मैंने भी नहीं पूछा।"

पाकिस्तानी समय के अनुसार रात 9.30 बजे (मॉस्को का समय शाम 7.30 बजे) कात्या पेट्रोव ने शहर से साढ़े पाँच किलोमीटर दूर स्थित एक मामूली से 'सोब्लाजनोव होटल' में हुसैन के कमरे पर आहट दी। वह बहुत उत्सुक थी, क्योंकि उसके पास ढेर सारी जानकारियाँ थीं। एक छोटे से 'किस' के बाद उसने अपने ब्रीफकेस से एक नक्शा निकाला।

"अन्ना, तुम्हारा काम बना कि नहीं?"

"निश्चित रूप से, आशा करता हूँ।"

पाकिस्तानी समय के अनुसार रात 9.30 बजे (मॉस्को का समय शाम 7.30 बजे) कात्या पेट्रोव ने शहर से साढ़े पाँच किलोमीटर दूर स्थित एक मामूली से 'सोब्लाजनोव होटल' में हुसैन के कमरे पर आहट दी। वह बहुत उत्सुक थी, क्योंकि उसके पास ढेर सारी जानकारियाँ थीं। एक छोटे से 'किस' के बाद उसने अपने ब्रीफकेस से एक नक्शा निकाला।

कात्या ने ब्रिगेडियर को खबर दी कि भारतीय सेना पाकिस्तान के दो स्थलों पर हमला करने जा रही है। बहावलपुर में 'जैश-ए-मुहम्मद' का हेडक्वार्टर, जो मुल्तान (पाकिस्तान का सातवाँ सबसे बड़ा शहर) से लगभग 100 किलोमीटर दूर पश्चिम में स्थित है और मुरीदके में स्थित 'लश्कर-ए-तैयबा' का हेडक्वार्टर, जो लाहौर (पाकिस्तान का दूसरा सबसे बड़ा शहर) से 37 किलोमीटर दूर उत्तर में स्थित है।

प्रत्येक स्थल के लिए दो बटालियनों का इस्तेमाल किया जाएगा। लगभग 750 जवान प्रत्येक शहर को चारों ओर से घेरे रहेंगे, ताकि पाकिस्तानी सेना उनसे बाहर न निकल सके और तब करीब 200 सैनिक प्रत्येक स्थल पर सीधा हमला करेंगे।

"रूस के विदेश मंत्रालय को विस्तार से इतनी जानकारी कैसे है, कात्या?"
"मैंने यह जानकारी मंत्रालय से नहीं ली, बल्कि दिल्ली स्थित एफ.एस.बी. के प्रमुख व्यक्ति से ली है। वह कभी मेरा 'बॉयफ्रेंड' हुआ करता था, जानेमन!"
"तो क्या वह अब भी तुम्हारी मुहब्बत में है?"

"रूस के विदेश मंत्रालय को विस्तार से इतनी जानकारी कैसे है, कात्या?"

"मैंने यह जानकारी मंत्रालय से नहीं ली, बल्कि दिल्ली स्थित एफ.एस.बी. के प्रमुख व्यक्ति से ली है। वह कभी मेरा 'बॉयफ्रेंड' हुआ करता था, जानेमन!"

"तो क्या वह अब भी तुम्हारी मुहब्बत में है?"

"हाँ, वह आज भी मुझसे मुहब्बत करता है। लेकिन मैं अब उसे प्यार नहीं करती। तुम्हीं हो, जिसे मैं प्यार करती हूँ।"

"क्या तुम हमले की तारीख जानती हो?"

उसने बताया कि सही तारीख नहीं जानती, लेकिन हमला इस महीने की 30 तारीख और 5 सितंबर के बीच हो सकता है।

मॉस्को के समयानुसार, रात 9.15 बजे (पाकिस्तान के रात 11.15 बजे) कात्या के सोब्लाजनोव होटल छोड़ने के बाद हुसैन पाकिस्तानी

दूतावास गया। रास्ते में कोई उसका पीछा तो नहीं कर रहा है, इसे सुनिश्चित करने के लिए उसने दो बार टैक्सी बदली।

दूतावास पहुँचने के बाद उसने खुफिया संचार के जरिए सारी जानकारी इस्लामाबाद में आई.एस.आई. के हेडक्वार्टर में भेज दी। सूचना-प्राप्ति के संकेत मिलने के बाद वह अपने अपार्टमेंट में वापस आ गया। कुछ हद तक वह खुश था कि वह युद्ध-स्थल से दूर है, लेकिन दूसरी ओर उसे अपने परिवार और दोस्तों की चिंता थी।

दूतावास पहुँचने के बाद उसने खुफिया संचार के जरिए सारी जानकारी इस्लामाबाद में आई.एस.आई. के हेडक्वार्टर में भेज दी। सूचना-प्राप्ति के संकेत मिलने के बाद वह अपने अपार्टमेंट में वापस आ गया। कुछ हद तक वह खुश था कि वह युद्ध-स्थल से दूर है, लेकिन दूसरी ओर उसे अपने परिवार और दोस्तों की चिंता थी।

बृहस्पतिवार, 6 अगस्त, 2020

भारतीय समयानुसार, रात के 9 बजे 'रॉ' के चीफ रवि कौशिक ने 'सुरक्षित फोन' लाइन पर जनरल सुखबीर सिंह से बात की।

"रात के डिनर में 'नूडल्स' बहुत बढ़िया लगे और उन्हें जायकेदार रूसी सूप के साथ खाने में मजा आ गया। दोनों को मिलाकर खाने का यह मेरा पहला अनुभव था। सिफारिश के लिए धन्यवाद!"

"फिर कभी और, कौशिक!"

भारतीय समयानुसार, सुबह 10 बजे (सुबह 9.30 बजे पाकिस्तान में) आयशा बीबी ने हाई कमिश्नर एवं डिप्टी हाई कमिश्नर, जो नई दिल्ली में आई.एस.आई. का मुखिया भी था, से मुलाकात की। उसने तीनों वरिष्ठ पाकिस्तानी अधिकारियों को पिछली रात भारतीय सेना के वरिष्ठ अधिकारी से भेंट के बारे में वह सबकुछ बताया, जो उसे पता चला था।

तीनों लोगों ने पूरे विस्तार से पूछा कि वह हिंदुस्तानी जनरल को कैसे जानती है? उसके भाई से उसका सही-सही रिश्ता क्या है? और अनेक अन्य बातें। पूरी संतुष्टि के बाद कि उसकी पाकिस्तान के प्रति वफादारी महफूज है,

उन्होंने उसे धन्यवाद दिया और हाई कमिश्नर ने वादा किया कि उसे जल्दी ही प्रमोशन के 'फास्ट ट्रैक' पर लाया जाएगा। आई.एस.आई. के चीफ ने उससे पूछा कि क्या वह आई.एस.आई. में 'कॅरियर' शुरू करना चाहेगी? किंतु उसने धीमी मुसकान से अपनी असहमति प्रकट कर दी। अधिकांश महिलाएँ आई.एस.आई. में काम करना नहीं चाहतीं।

इसके बाद विदेश मंत्री की बारी थी। उन्होंने बताया कि उन्हें जापान, जर्मनी, ब्रिटेन और फ्रांस में अपने समकक्षों से कोई मदद का भरोसा नहीं मिला। फिर उन्होंने दुनिया भर में तैनात राजनयिकों से मिली जानकारियों की एक संक्षिप्त रिपोर्ट प्रस्तुत की। उन्होंने बताया कि वे इजराइल से कोई उपयोगी जानकारी प्राप्त नहीं कर पाए हैं।

बारह घंटे बाद प्रधानमंत्री इरफान खान ने पाकिस्तान की सुरक्षा परिषद् (एन.एस.सी.) की मीटिंग की अध्यक्षता की। उनके अलावा वही सोलह लोग, जो अड़तालीस घंटे पहले हुई मीटिंग में मौजूद थे, इस बार भी उपस्थित थे।

पहले प्रधानमंत्री बोले। उन्होंने कहा कि अमेरिका और रूस ने किसी प्रकार की मदद या हस्तक्षेप करने से इनकार कर दिया है। उन्हें दुनिया के सबसे ताकतवर लोगों से हुई बातचीत का ब्योरा देने में बहुत संकोच हुआ, इसलिए वे चुप हो गए।

उसके बाद जनरल अहमद ने बोलना शुरू किया। उन्होंने अपने भारतीय समकक्ष से हुई बातचीत के बारे में बताया। मीटिंग में बैठे लोगों के चेहरों को देखकर साफ लग रहा था कि असैनिक अधिकारियों के चेहरे जर्द हो गए हैं।

इसके बाद विदेश मंत्री की बारी थी। उन्होंने बताया कि उन्हें जापान, जर्मनी, ब्रिटेन और फ्रांस में अपने समकक्षों से कोई मदद का भरोसा नहीं मिला। फिर उन्होंने दुनिया भर में तैनात राजनयिकों से मिली जानकारियों की एक संक्षिप्त रिपोर्ट प्रस्तुत की। उन्होंने बताया कि वे इजराइल से कोई उपयोगी जानकारी प्राप्त नहीं कर पाए हैं।

सबसे उपयोगी जानकारी दिल्ली में स्थित हाई कमीशन से मिली है,

जिसमें इंडियन सर्जिकल स्ट्राइक्स की तारीखें या टाइम फ्रेम शामिल हैं। यह सब थर्ड सेक्रेटरी आयशा बीबी ने पता किया है।

अंत में बोलनेवाले आई.एस.आई. चीफ लेफ्टिनेंट अयूब इलाही थे। उनके पास सबसे ज्यादा जानकारी थी, जिसे उन्होंने मीटिंग में बताया। तारीखों का मिलान भारतीय चीनी और रूसी सूत्रों से मिली सूचनाओं से किया गया।

भारतीय सेना द्वारा जमीनी हमले इस महीने की 28 तारीख को होने वाले थे, इसलिए उनके विरुद्ध तैयारी के लिए लगभग तीन हफ्तों का वक्त है। यह जानकर फौज के चीफ कमांडर के चेहरे पर इतमीनान की खुशी तैर गई।

मॉस्को में आई.एस.आई. के टॉप एजेंट ने दो विशेष लक्ष्यों की जानकारी के साथ-साथ यह भी पता कर लिया था कि भारतीय फौज कितने जवानों का इस्तेमाल करने वाली है। प्रधानमंत्री ने जानना चाहा कि इसके अलावा किसी और के पास अन्य जानकारी हो तो बताए। जब कोई उत्तर नहीं मिला तो मीटिंग समाप्त हो गई।

भारतीय सेना द्वारा जमीनी हमले इस महीने की 28 तारीख को होने वाले थे, इसलिए उनके विरुद्ध तैयारी के लिए लगभग तीन हफ्तों का वक्त है। यह जानकर फौज के चीफ कमांडर के चेहरे पर इतमीनान की खुशी तैर गई।

अगली मीटिंग अगले सोमवार 10 अगस्त को बुलाना तय पाया गया। इस दौरान पाकिस्तानी फौज को भारत के सर्जिकल स्ट्राइक्स के विरोध में सामरिक योजना बनाने के लिए पर्याप्त समय मिल जाएगा।

मीटिंग में मौजूद किसी ने सबसे महत्त्वपूर्ण सवाल नहीं किया, जो हर हालत में करना चाहिए था—अगर हिंदुस्तानी फौज ने केवल दो जगहों पर हमला करने की योजना बनाई है, भले ही हमले भीषण और दायरे में बड़े हों, फिर ऐसा क्यों है कि चीन ने अपने सभी लोगों को पाकिस्तान खाली कर देने का फरमान जारी किया है?

□

19

पाकिस्तान की तैयारी

सोमवार, 10 अगस्त, 2020

पिछले साढ़े तीन दिनों में पाकिस्तानी फौज के टॉप कमांडरों ने आनेवाले भारत के हमलों के विरुद्ध अपनी सामरिक योजना का खाका तैयार कर लिया। अधिकांश कमांडरों ने इस काम के लिए जुम्मे की नमाज तक को दरकिनार कर दिया।

पंजाब के रावलपिंडी स्थित सेना के जनरल हेडक्वार्टर्स (जी.एच.क्यू.) में 48 फीट लंबा और 20 फीट चौड़ा एक 'वॉर रूम' बनाया गया। यह इस्लामाबाद स्थित प्रधानमंत्री कार्यालय से 19 किलोमीटर दूर था। जनरल हेडक्वार्टर्स रावलपिंडी के गैरीसन कॉम्प्लेक्स में बना हुआ है, जिसकी इमारतें सुरक्षा के सारे साजो-सामान से लैस पूर्णतः सुरक्षित थीं।

कॉम्प्लेक्स के बाहर शारीरिक रूप से गठीले, ऊँचे कद्दावर गार्ड आने-जानेवाली गाड़ियों पर नजर रखते थे। बुत की तरह खड़े इन चौकस जवानों की निगाहें इधर से उधर डोलती दिखाई देती थीं। इतनी सख्ती इसलिए थी कि वे पाकिस्तान में सबसे ज्यादा पूजे जानेवाले प्रतिष्ठान की हिफाजत कर रहे थे। दूसरे, हाल ही में पैदा हुए नए खतरे की वजह से भी सुरक्षा को और मजबूत कर दिया गया था। सन् 2009 में 'तहरीक-ए-तालिबान, पाकिस्तान' के 9 बंदूकधारियों ने सैनिक वेश में जी.एच.क्यू. पर हमला किया था, जिसमें 9 सैनिक और 2 नागरिक मारे गए थे। विशाल गेट के बाद जी.एच.क्यू. कॉम्प्लेक्स में सुरक्षा का इंतजाम कई स्तरों पर किया गया था,

जिसमें ऑटोमैटिक रोड ब्लॉक्स और स्पाई बैरियर लगाए गए थे।

वॉर रूम में पाकिस्तान और हिंदुस्तान के सीमा-क्षेत्रों के नक्शों को दो अगल-बगल की दीवारों पर लगाया गया था। पूरे पाकिस्तान के एक नक्शे के साथ-साथ संभावित हमलों के स्थलों—बहावलपुर और मुरीदके के अलावा भारतीय सीमा पार के नजदीकी शहरों और सड़कों के नक्शों को भी लगाया था।

सामरिक योजना को तैयार करने की जिम्मेदारी खुद चीफ-ऑफ-आर्मी स्टाफ और सी.जी.एस. ने सँभाली थी, ताकि किसी प्रकार की कोई भूल-चूक न रह जाए।

मीटिंग में सेना के इन दो अफसरों के अलावा सात लेफ्टिनेंट जनरलों सहित पाकिस्तान की एयर फोर्स और नेवी के चीफ कमांडरों तथा उनके सहायकों के साथ-साथ आई.एस.आई. के चीफ ने भी भाग लिया। ऐसे बहुत कम अवसर आए हैं, जब ये पंद्रह अधिकारी एक ही कमरे में एक साथ मिले हैं।

इसके अलावा, आर्मी इंजीनियर कोर को हमलों के दोनों स्थलों के पास पाँच-पाँच हजार जवानों के रहने की अस्थायी व्यवस्था तैयार करने का आदेश दे दिया गया था और उन्हें रोजाना चौबीसों घंटे काम करने को कहा गया था। यह केवल जरूरत पड़ने पर काम आने की व्यवस्था थी, अन्यथा दोनों स्थलों पर पाकिस्तानी सेना ने ही बड़ी संख्या में सेना के जवानों को लगा रखा था, ताकि वक्त आने पर हिंदुस्तान को सबक सिखा सकें।

पाकिस्तान की सेना ने अपने मेन बैटल टैंक्स (एम.बी.टी.), आर्मर्ड पर्सनल कैरियर्स (ए.पी.सी.) तथा हैवी गन्स और अन्य शस्त्रों को बहावलपुर व मुरीदके की ओर भेजना शुरू कर दिया था।

इसके अलावा, आर्मी इंजीनियर कोर को हमलों के दोनों स्थलों के पास पाँच-पाँच हजार जवानों के रहने की अस्थायी व्यवस्था तैयार करने का आदेश दे दिया गया था और उन्हें रोजाना चौबीसों घंटे काम करने को कहा

गया था। यह केवल जरूरत पड़ने पर काम आने की व्यवस्था थी, अन्यथा दोनों स्थलों पर पाकिस्तानी सेना ने ही बड़ी संख्या में सेना के जवानों को लगा रखा था, ताकि वक्त आने पर हिंदुस्तान को सबक सिखा सकें।

"ईह बारा असीं उन्होंने एह्या सबक सिखावांगे कि ऊ कदे हिक वार वी फिर उंगल नहीं लावांगे।" जनरल अहमद ने पाकिस्तानी पंजाबी में कहा, जिसका अनुवाद था, "इस बार हम उन्हें ऐसा सबक सिखाएँगे कि वे फिर कभी हमारी ओर उँगली नहीं उठा पाएँगे।"

मुरीदके से लाहौर तक की दूरी मात्र डेढ़ घंटे की ड्राइव थी, जहाँ पाकिस्तान आर्मी के IV कोर का हेडक्वार्टर है। इसमें 40 हजार से ज्यादा जवान हमेशा मौजूद रहते हैं। इसके अलावा, एक घंटे की दूरी पर गुजराँवाला है, जहाँ सेना के लगभग 30 हजार जवान तैनात हैं।

बहावलपुर पाकिस्तानी सेना के XXXI कोर का हेडक्वार्टर था, जिसमें 30 हजार से ज्यादा जवान थे। इसके अलावा, वहाँ से दो घंटे की दूरी पर मुल्तान था, जहाँ लगभग 40 हजार सैनिक जवान थे।

मुरीदके से लाहौर तक की दूरी मात्र डेढ़ घंटे की ड्राइव थी, जहाँ पाकिस्तान आर्मी के IV कोर का हेडक्वार्टर है। इसमें 40 हजार से ज्यादा जवान हमेशा मौजूद रहते हैं। इसके अलावा, एक घंटे की दूरी पर गुजराँवाला है, जहाँ सेना के लगभग 30 हजार जवान तैनात हैं।

सामरिक योजना के विशेषज्ञों ने बहावलपुर पर हमले के बारे में बताया कि यह हमला हिंदुस्तान अपने राजस्थान प्रांत की सीमा पर स्थित खाजूवाला की ओर से करके रेगिस्तान में अपने एम.बी.टी. या ए.पी.सी. या दोनों को बढ़ाएगा। उन्होंने दिल्ली और जयपुर से बीकानेर तक फोर-लेन हाइवे पहले ही बना लिया है और बीकानेर से खाजूवाला की दूरी सिर्फ तीन घंटे से कम की है। उन्हें खाजूवाला से यजमान मंडी तक की 100 किलोमीटर की दूरी रेगिस्तानी इलाके में तय करने में सात से आठ घंटे तक का समय लग सकता है और वहाँ से बहावलपुर पहुँचने तक का सफर दो से तीन घंटों में पूरा किया जा सकता है।

जहाँ तक मुरीदके का सवाल है, पाकिस्तानी सामरिक विशेषज्ञों का अनुमान था कि भारत वाघा-अटारी के पास से अपनी फौज को सीमा पार के लाहौर की ओर बढ़ाएगा और दरअसल में लाहौर शहर न जाकर मुरीदके की ओर फौज को मोड़ देगा।

चूँकि इस मार्ग पर अच्छी सड़कें हैं, वे 53 किलोमीटर की दूरी चार घंटे में पूरी कर लेंगे। लेकिन उनके लिए बड़ा जोखिम यह होगा कि वे लाहौर के बिल्कुल निकट तक पहुँच जाएँगे, जहाँ पाकिस्तान के पास इतनी सेना और हथियार हैं कि वे उन्हें पीछे धकेल सकते हैं। इससे भी पहले उन्हें वाघा बॉर्डर पर पाकिस्तानी फौज का सामना करना पड़ेगा। वाघा बॉर्डर पर 2,000 जवानों को फौरन बहाल कर दिया गया है।

जहाँ तक मुरीदके का सवाल है, पाकिस्तानी सामरिक विशेषज्ञों का अनुमान था कि भारत वाघा-अटारी के पास से अपनी फौज को सीमा पार के लाहौर की ओर बढ़ाएगा और दरअसल में लाहौर शहर न जाकर मुरीदके की ओर फौज को मोड़ देगा।

"क्या उनके पास मुरीदके पहुँचने का कोई दूसरा मार्ग भी हो सकता है? या फिर ऐसी कोई बाजीगरी करके वे अपने को मूर्ख साबित करना चाहेंगे?"

"यह भी हो सकता है कि वे भारत के फूलपुरा और पाकिस्तान के नरोवल के बीच 10 किलोमीटर के फासले को तय करके पाकिस्तान में घुसें। इस रास्ते में पक्की सड़कें नहीं हैं। नरोवल से मुरीदके की दूरी 79 किलोमीटर की ड्राइव है। सफर पूरा करने में लगभग ग्यारह घंटे लग सकते हैं। लेकिन भारतीय फौज इस रूट को इसलिए तरजीह दे सकती है, क्योंकि इस रास्ते में पाकिस्तानी फौज का कोई बड़ा अड्डा नहीं है। हिंदुस्तानियों के लिए दूसरी संभावना रावी नदी को पार करके पाकिस्तान में 35 किलोमीटर लंबे कच्चे रास्ते को पार कर कला खटाई में पहुँच जाने की भी हो सकती है। कला खटाई से मुरीदके की दूरी 30 किलोमीटर है। इन दोनों विकल्पों

के रास्तों को सैन्य सहायता से मजबूत करने का फैसला किया गया।

पाकिस्तानी वायु सेना को अपने सभी लड़ाकू विमानों को हमले के लिए तैयार करने का आदेश दिया गया, ताकि जरूरत पड़ने पर वे भारतीय हमलावर सेना पर बम बरसा सकें। लेकिन इस निर्णय में दखल देते हुए पाकिस्तानी टॉप कमांडर ने शंका जताई कि पाकिस्तानी विमानों द्वारा बम गिराने पर भारत की वायु सेना जवाब में हमला कर सकती है। इससे पूरे पैमाने पर युद्ध शुरू हो जाने का खतरा है, जो वे नहीं चाहते और खासतौर पर 5 अगस्त को दोनों देशों के सैन्य कमांडरों की वार्त्ता के बाद तो वे किसी भी कीमत पर नहीं चाहते।

पाकिस्तान की नौसेना को पूरी लड़ाई के लिए तैयार रहने का आदेश दिया गया। यहाँ तक कि कुछ सबमैरीन्स को अरब सागर में ओखा, पोरबंदर, जामनगर और मुंबई के नजदीक रहने को कहा गया, ताकि समय आने पर वे भारतीय जहाजों पर हमला कर सकें। साथ ही, यह भी ताकीद की गई कि वे इन शहरों के इतने पास भी न जाएँ कि अभी से उनका पता लग जाए।

पाकिस्तान की नौसेना को पूरी लड़ाई के लिए तैयार रहने का आदेश दिया गया। यहाँ तक कि कुछ सबमैरीन्स को अरब सागर में ओखा, पोरबंदर, जामनगर और मुंबई के नजदीक रहने को कहा गया, ताकि समय आने पर वे भारतीय जहाजों पर हमला कर सकें। साथ ही, यह भी ताकीद की गई कि वे इन शहरों के इतने पास भी न जाएँ कि अभी से उनका पता लग जाए।

प्रमुख रूप से पाकिस्तान के परमाणु शस्त्रागार को भी तैयार रखने का काम शुरू कर दिया गया है, हालाँकि 5 अगस्त की वार्त्ता के बाद पाकिस्तान के लिए यह सबसे कम प्राथमिकता का विकल्प रह गया था।

कुछ अधिकारियों ने बहावलपुर और मुरीदके को खाली करने का मसला उठाया। लेकिन जनरल अहमद ने कहा कि यह खबर आवाम से छिपाई नहीं जा सकेगी और इससे देश भर में आतंक फैल जाने का अंदेशा

है। पाकिस्तान में सबसे ज्यादा ताकतवर व्यक्ति से किसी ने बहस नहीं की।

पाकिस्तान के समयानुसार, दोपहर 4.10 बजे पाकिस्तान की सुरक्षा परिषद् की मीटिंग पिछले छह दिनों में तीसरी बार हुई। आर्मी के चीफ कमांडर ने हिंदुस्तान के संभावित हमले या लड़ाई (जैसाकि फौज ने अब कहना शुरू किया है) की मीटिंग के विरुद्ध पाकिस्तान की योजनाबद्ध तैयारी की रूपरेखा प्रस्तुत की। प्रधानमंत्री और परिषद् के अन्य सदस्यों की माँग के बावजूद तैयारी का खुलासा नहीं किया गया। आर्मी की शक्तियों को देखते हुए राष्ट्रीय सुरक्षा परिषद् को योजनाबद्ध प्लान को मंजूरी देने के लिए अलावा उसके पास दूसरा कोई रास्ता नहीं था। पाकिस्तानी समयानुसार शाम 5.40 बजे मीटिंग समाप्त हो गई।

मंगलवार, 11 अगस्त, 2020

पाकिस्तान की सैटेलाइट इमेजरी ने दरशाया कि हिंदुस्तान में बड़े पैमाने पर टैंक और भारी वाहन खाजूवाला व फूलपुरी की ओर बढ़ रहे हैं। यह देखकर पाकिस्तान के सैन्य अधिकारियों की बाँछें खिल गईं कि हिंदुस्तानी फौज वाघा-अटारी की सीमा पार करने की बेवकूफी नहीं कर रही है।

पाकिस्तान की सैटेलाइट इमेजरी ने दरशाया कि हिंदुस्तान में बड़े पैमाने पर टैंक और भारी वाहन खाजूवाला व फूलपुरी की ओर बढ़ रहे हैं। यह देखकर पाकिस्तान के सैन्य अधिकारियों की बाँछें खिल गईं कि हिंदुस्तानी फौज वाघा-अटारी की सीमा पार करने की बेवकूफी नहीं कर रही है।

भारत के विदेश मंत्रालय ने एक फरमान जारी करके पाकिस्तान के हाई कमिश्नर और उसके पूरे स्टाफ को भारत छोड़ देने का आदेश दिया। उन्हें बुधवार, 12 अगस्त को भारतीय समयानुसार शाम 6 बजे तक भारत को छोड़ देना है।

आयशा बीबी के सपने चूर-चूर हो गए। उसे नहीं पता था कि वह अब कभी भारत वापस आ सकेगी। अपने सामान वगैरह को पैक करने की जल्दी में उसे सिड को ठीक से अलविदा कहने तक का समय नहीं मिल पाया।

पाकिस्तान सरकार को भारत के इस कदम पर आश्चर्य नहीं हुआ, क्योंकि उसने संभावित हमले से लगभग 15 दिन पहले यह कदम उठाया था और यह आशा के अनुकूल था।

पाकिस्तान ने इस्लामाबाद में भारत के हाई कमिश्नर और उसके स्टाफ को निष्कासित कर दिया। उन्हें पाकिस्तानी समयानुसार बृहस्पतिवार 10 बजे तक का समय दिया गया, क्योंकि इस्लामाबाद से जानेवाली अंतरराष्ट्रीय फ्लाइट्स बहुत कम थीं और पिछले दो वर्षों से दोनों देशों के बीच सीधी उड़ान सेवा नहीं थी। अधिकारियों को दुबई या मध्य-पूर्व के साधन-संपन्न हवाई अड्डों से होकर जाना पड़ता था।

भारतीय स्टाफ ने बुधवार की सुबह 9.20 बजे ही पाकिस्तान छोड़ दिया।

□

20

स्वतंत्रता दिवस

शुक्रवार, 14 अगस्त, 2020

पाकिस्तान के प्रधानमंत्री इरफान खान 74वें स्वतंत्रता दिवस पर अपने देशवासियों को पंजाबी व उर्दू के मिश्रण में संबोधित कर रहे थे, "जैसाकि आप जानते हैं, भारत में फौज ने तख्ता पलट दिया है। हिंदुस्तानी मीडिया दुनिया को बेवकूफ बनाने की कोशिश में लगा है कि उनके यहाँ जो फौज ने तख्ता पलटा है, उसकी वजह 20 जुलाई को उनकी जमीन पर जो आतंकी हमला हुआ, उसमें हमारी फौज ने शिरकत की। आपका प्रधानमंत्री होने के नाते मैं आपको यकीन दिलाता हूँ कि उस हमले में पाकिस्तान से किसी ने भी, फौज तो दूर की बात, इसमें शिरकत नहीं की है। हमारी इंटेलिजेंस एजेंसियों ने हमें खबर दी है कि कश्मीरी आजादी की मुहिम में शामिल हिंदुस्तानियों ने इस हमले में शिरकत की है। हिंदुस्तान एक बुजदिल की तरह पेश आ रहा है। उन्होंने हमें धमकी दी है और पूरी उम्मीद है कि वे हम पर हमला करने वाले हैं। हम जानते हैं कि वे कहाँ और कब हमला करने वाले हैं और इसके लिए इंशा अल्ला, हम पूरी तरह तैयार हैं और उन्हें छोड़नेवाले नहीं हैं।"

पाकिस्तानी समयानुसार, सुबह 8.50 बजे (भारतीय समय : सुबह 9.20 बजे) जैसे ही प्रधानमंत्री अपना भाषण खत्म कर रहे थे कि बहावलपुर और मुरीदके में भारी विस्फोटों की आवाजें सुनाई दीं। विस्फोट के स्थलों से उठनेवाले धुएँ के गुबार को 8 किलोमीटर दूर से देखा जा सकता था। पाकिस्तान में ऐसा मंजर कभी किसी ने नहीं देखा था।

दो आतंकी हेडक्वार्टर्स पूरी तरह नष्ट हो चुके थे। सैटेलाइट इमेजरी ने दरशाया कि दो स्थलों में एक से ज्यादा विशाल खाई हैं। विस्फोट स्थलों के 550-600 मीटर के क्षेत्र में सभी मोबाइल टावर्स और फोन संपर्क से बाहर हो चुके हैं। इन इलाकों में एक बकरी या चूहा तक जिंदा नहीं रह पाया है।

पाकिस्तानी समयानुसार, सुबह 11.45 बजे पंद्रह अधिकारी, जो 7 और 10 अगस्त को रावलपिंडी के वॉर रूम में मिल चुके थे, उसी जगह वे फिर मिले। सभी के चेहरों पर हवाइयाँ उड़ रही थीं। उनको अब तक जो खबरें मिली थीं, उनके अनुसार बहावलपुर में 5,000 और मुरीदके में 3,000 लोगों की जानें गई हैं।

> ***पाकिस्तानी समयानुसार, सुबह 11.45 बजे पंद्रह अधिकारी, जो 7 और 10 अगस्त को रावलपिंडी के वॉर रूम में मिल चुके थे, उसी जगह वे फिर मिले। सभी के चेहरों पर हवाइयाँ उड़ रही थीं। उनको अब तक जो खबरें मिली थीं, उनके अनुसार बहावलपुर में 5,000 और मुरीदके में 3,000 लोगों की जानें गई हैं।***

अनेक सवाल थे, जिनका जवाब नहीं था। कैसे ये हमले संभावित तारीखों से दो हफ्ते पहले हुए? इंटेलिजेंस की सारी जानकारियाँ कैसे गलत हो गईं? हिंदुस्तानियों ने अपने हमलों के प्लान को पहले ही क्यों शुरू कर दिया?

हिंदुस्तान की हमलावार फौज कहाँ थी? वह दिखाई क्यों नहीं दी? कैसे उन्होंने दो स्थलों पर हमले किए? वहाँ न तो हिंदुस्तानी टैंक थे और न ही भारी हथियार थे। किसी भी हिंदुस्तानी फौजी विमान ने पाकिस्तानी सीमा पार नहीं की? क्या उन्होंने सरफेस-टू-सरफेस मिसाइल का इस्तेमाल किया? ये कौन से मिसाइल थे? और उन्होंने कहाँ से फायर किए थे?

व्यापक सैटेलाइट और रडार इमेजरी ने दरशाया कि हमले में वाकई मिसाइलों का इस्तेमाल किया गया और उन्हें जमीन से नहीं, बल्कि आसमान से फायर किया गया।

भारतीय समयानुसार, वही योजनाबद्ध समय, दोपहर के 4.30 बजे भारत में टेलीवाइज्ड प्रेस कॉन्फ्रेंस आयोजित की गई। इस बार मंच पर केवल भारतीय सेनाओं के चीफ कमांडर मौजूद थे।

उन्होंने घोषणा की कि भारतीय वायु सेना ने हाल ही में फ्रांस से प्राप्त 'राफेल' लड़ाकू विमानों का इस्तेमाल करके पाकिस्तान में स्थित दो आतंकी ठिकानों को नष्ट कर दिया है। ये आतंकी ठिकाने बहावलपुर में जैश-ए-मुहम्मद और मुरीदके में लश्कर-ए-तैयबा के थे और इन हमलों में पाकिस्तान की हवाई सीमा को पार नहीं करना पड़ा है।

उन्होंने घोषणा की कि भारतीय वायु सेना ने हाल ही में फ्रांस से प्राप्त 'राफेल' लड़ाकू विमानों का इस्तेमाल करके पाकिस्तान में स्थित दो आतंकी ठिकानों को नष्ट कर दिया है। ये आतंकी ठिकाने बहावलपुर में जैश-ए-मुहम्मद और मुरीदके में लश्कर-ए-तैयबा के थे और इन हमलों में पाकिस्तान की हवाई सीमा को पार नहीं करना पड़ा है।

फ्रांस निर्मित 'राफेल' जेट विमानों की पहली खेप के आठ विमानों ने इसी वर्ष मई और जुलाई में अंबाला एयरफोर्स स्टेशन के 'गोल्डन एरो-17 स्क्वाड्रन' में प्रवेश किया था।

इन हमलों में जिन क्रूज मिसाइलों का प्रयोग किया गया, उनकी मारक क्षमता 560 किलोमीटर थी। उनकी रफ्तार 1,000 किलोमीटर प्रति घंटा थी। हालाँकि भारतीय सेना ने यह नहीं बताया कि इन 'राफेल' विमानों ने इन मिसाइलों को कहाँ से फायर किया। फिर भी पाकिस्तानियों ने अंदाजा लगाया कि यह एयर 'स्पेस' के ऊपर हो सकता है, क्योंकि 100 किलोमीटर की दूरी 7 मिनट में पूरी की जा सकती है और मुरीदके के लिए एयरस्पेस अमृतसर के ऊपर हो सकता है, क्योंकि 65 किलोमीटर का फासला 4 मिनट में पूरा किया जा सकता है।

इन चार 'राफेल' विमानों ने टारगेट को ढूँढ़कर लॉक करने के साथ-साथ टारगेट तक जाने के रूट एरिया को भी लॉक किया और उसको गुप्त रखने के लिए इलेक्ट्रॉनिकली (ए.ई.एस.ए.) रडार के साथ 'थेल्स एयरो' के रीकोसाँ पॉड एवं इलेक्ट्रो-ऑप्टिकल लेजर पॉड का इस्तेमाल किया था।

भारतीय वायु सेना राफेल के विमानों को उड़ानेवाले चार पायलट (दो स्टैंड बाई पायलट सहित) सितंबर 2014 और अप्रैल 2020 के बीच फ्रांस के पूर्वी डीजियर रॉबिनसन एयरबेस में छह महीने की ऑपरेशन ट्रेनिंग ले चुके थे। इसलिए राफेल विमानों के अंबाला आने से पहले ही वे हवाई लड़ाई के लिए तैयार थे। हमले से नौ दिन पूर्व इन छह पायलटों ने अंबाला एयरफोर्स स्टेशन में फ्रांसीसी विमानों के इंजीनियरों की अगुवाई में अपने को प्लाइट के लिए तरोताजा कर लिया था। इस रिफ्रेशर ट्रेनिंग में प्रत्येक मिशन के 'टेक्टिकल' वातावरण में वीपन डिलीवरी और नेवीगेशन प्रणाली के इस्तेमाल पर जोर दिया गया था। तीन पायलटों को बहावलपुर से प्राप्त लोकेशन डाटा के प्रयोग पर और तीन को मुरीदके के डाटा प्रयोग लिए विशेष रूप प्रशिक्षित किया गया था।

इन चार 'राफेल' विमानों ने टारगेट को ढूँढ़कर लॉक करने के साथ-साथ टारगेट तक जाने के रूट एरिया को भी लॉक किया और उसको गुप्त रखने के लिए इलेक्ट्रॉनिकली (ए.ई.एस.ए.) रडार के साथ 'थेल्स एयरो' के रीकोसाँ पॉड एवं इलेक्ट्रो-ऑप्टिकल लेजर पॉड का इस्तेमाल किया था।

इसके अलावा, छह में से प्रत्येक पायलट ने अंबाला एयरफोर्स से मंगलवार और बुधवार को राफेल विमानों को उड़ाकर यह सुनिश्चित किया था कि विमानों का आवश्यक 'एक्लाइमैटिसेशन' पूरा हो चुका है, क्योंकि भारत में यह मॉनसून का समय होगा और कभी भी वर्षा हो सकती थी।

पाकिस्तानी समयानुसार शाम 6 बजे (भारतीय समय : 6.30 बजे) जनरल अहमद ने तीनों सर्विस चीफ—आर्मी सी.जी.एस. और आई.एस.आई.

के डायरेक्टर जनरल को रावलपिंडी स्थित जनरल हेडक्वार्टर्स में आपातकालीन मीटिंग के लिए बुलाया। मीटिंग में आई.एस.आई. के तीन डिप्टी डायरेक्टर जनरल के अलावा मेजर जनरल नवाज खान और मेजर जनरल फजल मिर्जा ने भी भाग लिया।

पाकिस्तानी समयानुसार शाम 6 बजे (भारतीय समय : 6.30 बजे) जनरल अहमद ने तीनों सर्विस चीफ—आर्मी सी.जी.एस. और आई.एस. आई. के डायरेक्टर जनरल को रावलपिंडी स्थित जनरल हेडक्वार्टर्स में आपातकालीन मीटिंग के लिए बुलाया। मीटिंग में आई.एस.आई. के तीन डिप्टी डायरेक्टर जनरल के अलावा मेजर जनरल नवाज खान और मेजर जनरल फजल मिर्जा ने भी भाग लिया।

हालाँकि जनरल अहमद पूर्ण रूप से सुसज्जित कॉन्फ्रेंस रूम की पंद्रह सीटर टेबल के एक छोर पर खड़े थे, उन्होंने सात अन्य आमंत्रित अधिकारियों को सीधे बैठ जाने का संकेत किया।

"आप लोगों की इंटेलिजेंस इतनी गलत कैसे हुई?" जनरल अहमद आई.एस.आई. के चारों अधिकारियों की आँखों में आँखें डालकर लगभग चिल्ला पड़े। उन सभी के चेहरों से झलक रहा था कि वे पहले ही घबराए हुए हैं। चीखने के बाद जनरल के दोनों हाथों की मुट्ठियों में थिरकन होने लगी, जैसे वे क्रिकेट बॉल को दबा-दबाकर घुमा रहे हों।

"...अर्र...र्र...अम...सर! इसकी जाँच फौरन करेंगे...और जल्दी-से-जल्दी आपके सामने रिपोर्ट पेश करेंगे।" लेफ्टिनेंट जनरल इलाही ने सिर नीचा करके संकोच में कहा

"फौरन जाइए और कीजिए, नहीं तो मैं आप चारों की नौकरी खा जाऊँगा। नाउ गेट आउट!"

उस समय आई.एस.आई. के अधिकारी यह जरा भी नहीं सोच पाए कि कात्या पेट्रोव और वांग ली—दोनों डबल एजेंट 'रॉ' के पे-रोल पर भी हो सकती हैं।

एक सच्चे देशभक्त और एक सीनियर रिटायर्ड अफसर के बेटे तथा सेना में कार्यरत सीनियर अफसर के भाई होने के नाते सिड को अपने आकर्षक व्यक्तित्व और सामाजिक प्रतिष्ठा के कारण अकसर भारतीय मिलिटरी इंटेलिजेंस के निदेशालय (एम.आई.) के विशेष अनुरोध पर कुछ मन बहलानेवाले कामों में लग जाना पड़ जाता था। ये कार्य अधिकतर विदेशी कूटनीतिक महिलाओं के हनी–ट्रैप से संबंधित होते थे और अनुरोध उसे बड़े भाई लेफ्टिनेंट जनरल सूर्यनारायण की मार्फत मिला करते थे। ठीक यही काम उसने आयशा बीबी के लिए किया था, जिसका अनुरोध उसे अपने भाई के मार्फत मिला था।

कात्या पेट्रोव को आई.एस.आई. ने 15 लाख डॉलर के अलावा उसके मन पसंद शहर पेरिस में नई पहचान और नए जीवन का ऑफर दिया था, बशर्ते कि वह उसके लिए काम करे और मॉस्को स्थित आई.एस.आई. चीफ को जरूरी जानकारियाँ देती रहे। 'रॉ' ने उसे उसकी भारत यात्राओं के दौरान तब रिक्रूट किया था, जब उसने हुसैन से 'डेटिंग' करना शुरू किया था।

कात्या पेट्रोव को आई.एस.आई. ने 15 लाख डॉलर के अलावा उसके मन पसंद शहर पेरिस में नई पहचान और नए जीवन का ऑफर दिया था, बशर्ते कि वह उसके लिए काम करे और मॉस्को स्थित आई.एस.आई. चीफ को जरूरी जानकारियाँ देती रहे। 'रॉ' ने उसे उसकी भारत यात्राओं के दौरान तब रिक्रूट किया था, जब उसने हुसैन से 'डेटिंग' करना शुरू किया था।

इसी प्रकार जब 'रॉ' को चीनी एजेंट वांग ली के हक से रिश्ते की बात पता लगी तो पाकिस्तान में 'रॉ' एजेंट ने उससे संपर्क करके 7.5 लाख डॉलर के साथ न्यूयॉर्क शहर में उसे नई पहचान देकर उसके नए जीवन की शुरुआत करवाने का ऑफर इस शर्त पर दिया कि जब–जब भारत चाहेगा, तब–तब वह माँगी गई जानकारी उसे देगी।

पाकिस्तान के समयानुसार, शाम 6.40 बजे (मॉस्को टाइम : शाम 4.40) पर मेजर जनरल नवाज खान ने मॉस्को में ब्रिगेडियर फारूक हुसैन को फोन करके गलत इंटेलिजेंस देने के लिए चिल्लाकर अपना गुस्सा उतारा। जानकारी में सिर्फ स्थलों को छोड़कर तारीखें और हमले की किस्म के बारे में सबकुछ गलत था। भारतीय हमलों की खबर सुनने के बाद ही वह मॉस्को समय सुबह 10 बजे से लगातार कात्या से संपर्क करने की कोशिश करता रहा, किंतु संपर्क नहीं कर पाया। वह उसके अपार्टमेंट में भी गया, लेकिन तीन बार डोर बेल बजाने के बाद भी अपार्टमेंट से कोई जवाब नहीं मिला। उसने उसके ऑफिस में संपर्क किया तो उसे बताया गया कि उसने 'मिंस्क' (बेलारूस) में वीकेंड मनाने के लिए उस दिन अवकाश लिया है। उसे गलत सूचना देकर वह मिंस्क में क्या कर रही है?

पाकिस्तानी समयानुसार, शाम 6.40 बजे मेजर जनरल फजल मिर्जा ने इमरान-उल-हक को फोन किया। उसने डर के मारे फोन नहीं उठाया। मिर्जा ने एक आई.एस.आई. अफसर को उसके अपार्टमेंट में यह आदेश देकर भेजा कि वह वांग ली को लेकर शाम 8 बजे तक आई.एस.आई. हेडक्वार्टर्स पहुँचे।

पाकिस्तानी समयानुसार, शाम 6.40 बजे मेजर जनरल फजल मिर्जा ने इमरान-उल-हक को फोन किया। उसने डर के मारे फोन नहीं उठाया। मिर्जा ने एक आई.एस.आई. अफसर को उसके अपार्टमेंट में यह आदेश देकर भेजा कि वह वांग ली को लेकर शाम 8 बजे तक आई.एस.आई. हेडक्वार्टर्स पहुँचे।

वह यह कैसे कर सकता है? चीनी औरत ने उससे झूठ बोला था या फिर चेन योंग ने उसे गलत जानकारी दी थी, क्योंकि उसने उसके साथ संभोग करने से इनकार कर दिया था।

उसने वांग ली से अनेक बार संपर्क करने का प्रयास किया। वह उसके अपार्टमेंट में भी गया, लेकिन उसमें ताला लगा था। चीनी दूतावास एक दिन

के लिए बंद रहेगा और अब सोमवार को ही खुलेगा। उसने मिर्जा को फोन करके सबकुछ बता दिया।

"इमरान, तुम अपनी तरक्की की बात तो भूल जाओ। ताज्जुब नहीं कि तुम अपनी नौकरी भी बचा पाओगे।"

भारतीय समयानुसार, रात 10 बजे (पाकिस्तान का समय : 10.30 बजे) भारत के चौहत्तरवें स्वतंत्रता दिवस के शुरू होने से दो घंटे पहले भारतीय वायु सेना के शक्तिशाली कदम के समर्थन देश भर के शहरों और कस्बों में करोड़ों लोग सड़कों पर निकल आए।

भारत की आबादी के 1 करोड़ 48 लाख लोगों में वृद्धों को छोड़कर, जो सड़कों पर उतरने से लाचार थे, शेष आबादी की 75 प्रतिशत से ज्यादा जनता भारत की विजय की खुशियाँ मना रही थी।

भारतीय समयानुसार, रात 10 बजे (पाकिस्तान का समय : 10.30 बजे) भारत के चौहत्तरवें स्वतंत्रता दिवस के शुरू होने से दो घंटे पहले भारतीय वायु सेना के शक्तिशाली कदम के समर्थन देश भर के शहरों और कस्बों में करोड़ों लोग सड़कों पर निकल आए।

भारत की आबादी के 1 करोड़ 48 लाख लोगों में वृद्धों को छोड़कर, जो सड़कों पर उतरने से लाचार थे, शेष आबादी की 75 प्रतिशत से ज्यादा जनता भारत की विजय की खुशियाँ मना रही थी।

सोमवार, 17 अगस्त, 2020

इमरान-उल-हक पूरे सप्ताहांत के दौरान वांग ली को फोन करता रहा, लेकिन उसका फोन स्विच्ड ऑफ आता रहा। शनिवार और रविवार को वह उसके अपार्टमेंट गया। किंतु वहाँ ताला लगा था। उसने चीनी दूतावास से पता किया। उन्होंने बताया कि वांग ली शुक्रवार सुबह निजी अवकाश पर दुबई गई है और बुधवार की सुबह तक वापस आएगी। 'क्या वह वाकई वापस आएगी?'

शुक्रवार की शाम के बाद से रावलपिंडी स्थित जनरल हेडक्वार्टर्स खाली था। भारत का हमला हो चुका था। अब पाकिस्तानी फौज या पाकिस्तानी वायु सेना कुछ भी नहीं कर सकती थी, क्योंकि भारत ने पाकिस्तान की हवाई सीमा का उल्लंघन नहीं किया था। अब पाकिस्तानी वायु सेना भारतीय वायु सीमा में दाखिल होने का जोखिम नहीं उठा सकती थी। एक तरह से पाकिस्तानी वायु सेना में भारत के नए राफेल लड़ाकू विमान से डर बैठ गया था। ये विमान पाकिस्तानी लड़ाकू विमानों से कहीं ज्यादा श्रेष्ठ थे और उन्हें यह नहीं मालूम चला कि भारत के पास कितने ऐसे राफेल विमान हैं!

शुक्र है अल्ला का कि सबकुछ बीत गया!

□

21

आक्रमण

बृहस्पतिवार, 20 अगस्त, 2020

पिछले चार दिनों में भारतीय सेना ने प्रधानमंत्री नीलिमा गुप्ता और उनकी सरकार के सभी मंत्रियों को कैद से आजाद कर दिया था और भारत में पूर्ण रूप से चुनी हुई सरकार का शासन फिर से लागू हो गया था।

विश्व ने राहत की साँस ली थी। दो परमाणु शक्तियाँ, जो युद्ध के लिए तैयार होने लगी थीं, उन्होंने आखिरकार युद्ध से बचने के लिए कदम उठाए थे। भारत ने विश्व द्वारा नामित केवल दो आतंकी गिराहों के हेडक्वार्टर्स को नष्ट किया था और पाकिस्तान के सरकारी प्रतिष्ठानों या देश की आम जनता के खिलाफ कोई सैन्य काररवाई नहीं की थी।

इसके बदले में पाकिस्तान ने कोई कदम नहीं उठाया था। अंतत: उसने सबक सीख लिया था। अंतरराष्ट्रीय जगत् की नजर में हमेशा तनाव में रहनेवाले इस क्षेत्र में यह कदम स्थायी शांति की राह में एक सकारात्मक प्रयास था।

पाकिस्तान की सेना युद्ध की तैयारी को छोड़कर फिर आरामतलबी में डूब गई थी। अधिकांश सैन्य अधिकारी ताजा हरियाली के लंबे-चौड़े गोल्फ के मैदानों में दिखाई देने लगे थे।

जनरल इकबाल अहमद ने सबसे ज्यादा राहत की साँस ली थी, क्योंकि पिछले 5 अगस्त को भारत के सेना अध्यक्ष से उनकी जो वार्त्ता हुई थी, उसने उनके छक्के छुड़ा दिए थे। वे दिन-रात तनाव के दिन गुजार रहे थे।

अब उनके सात पोते-पोतियाँ अल्ला के फजल से महफूज रहेंगे।

इसी प्रकार, पाकिस्तान की थल सेना, वायु सेना और नौ सेना के अध्यक्ष भारतीय हमलों के बाद से तनाव-मुक्त होकर आराम के दिनों में लौट चुके थे। देश में हाई अलर्ट खत्म कर दिया गया था। हर कोई फिक्र से आजाद हो गया था कि उसे अपने सबसे शक्तिशाली पड़ोसी देश से अब युद्ध नहीं लड़ना पड़ेगा।

पाकिस्तान के समयानुसार, सुबह 6.10 बजे (भारत के समय : 6.40 बजे) भारतीय सेना के 1,200 जवान और 120 अधिकारी, जिनमें 200 'एलीट' पैरा-कमांडो भी शामिल थे, ताजिकिस्तान की सीमा को पार कर अफगानिस्तान के कम आबादीवाले वाखन कॉरिडोर में दाखिल हुए। इससे पूर्व उन्हें भारतीय वायु सेना के चार सी-17 ग्लोब मास्टर स्ट्रेटेजिक ट्रांसपोर्ट विमानों ने अरब के यू.ए.ई. में किसी गुमनाम हवाई अड्डे से उठाकर ताजिकिस्तान के फखोर एयरबेस में पहुँचाया था।

पाकिस्तान के समयानुसार, सुबह 6.10 बजे (भारत के समय : 6.40 बजे) भारतीय सेना के 1,200 जवान और 120 अधिकारी, जिनमें 200 'एलीट' पैरा-कमांडो भी शामिल थे, ताजिकिस्तान की सीमा को पार कर अफगानिस्तान के कम आबादीवाले वाखन कॉरिडोर में दाखिल हुए।

भारत और ताजिकिस्तान के बीच बहुत करीबी सैन्य संबंध हैं। भारत ने ताजिकिस्तान के फखोर और आइनी एयरबेसों को सुधारने में 20 करोड़ डॉलर से ज्यादा की राशि खर्च की है। इसमें एक सैनिक अस्पताल की स्थापना, ताजिक मिलिटरी ऑफिसर्स और कैडेट के आधुनिकीकरण के अलावा उस देश को हथियारों की मदद भी शामिल है।

शुक्रवार, 21 अगस्त, 2020

पाकिस्तान के समयानुसार, रात 12.25 बजे (भारत का समय : रात 12 बजकर 55 मिनट) भारत के चार राफेल विमानों ने पाकिस्तान के चकलाला

और मिनहास हवाई अड्डों को नष्ट कर दिया। ये अड्डे पाकिस्तान के गिलगिट–बाल्टिस्तान प्रदेश तथा पाकिस्तान अधिकृत कश्मीर (जिसे पाकिस्तान 'आजाद कश्मीर' कहता है) के पास स्थित थे। 14 अगस्त की बमबारी की तरह राफेल विमानों ने भारत की वायु सीमा को पार नहीं किया।

इसके साथ–साथ भारत के चार अन्य राफेल विमानों ने पाकिस्तानी एयरफोर्स के मिआँवाली स्थित एम.एम. आलम एयरबेस सहित पेशावर एयरबेस को भी ध्वस्त कर दिया और आखिर में सरगोधा में मुशफ एयरबेस तथा शोरकोट में रफीक एयरबेस को भी नष्ट कर दिया।

पाकिस्तानी समयानुसार, रात 12.50 बजे (भारत का समय रात 1.20 बजे) तक पाकिस्तानी एयरफोर्स के नॉर्दर्न एयर कमांड और सेंट्रल एयर कमांड पूरी तरह नष्ट हो चुके थे। रिसालपुर की ट्रेनिंग अकादमी को छोड़ दिया गया था। इन जबरदस्त हवाई हमलों का जवाब देने के लिए पाकिस्तानी एयरफोर्स को पर्याप्त समय भी नहीं मिल पाया था।

भारतीय सेना के उच्च अधिकारियों की राय में, अगले मिशन के लिए इन छह एयरबेसों को नष्ट करना काफी था और यह कि पाकिस्तानी एयरफोर्स अपने साउदर्न कमांड के चार ऐक्टिव एयरबेसों से कोई भी लड़ाकू विमान नहीं उड़ा पाएगा। इन एयरबेसों की लोकेशन इतनी दूर है कि भारत के हवाई हमले उसकी रेंज से बाहर पड़ जाते हैं।

भारतीय सेना के उच्च अधिकारियों की राय में, अगले मिशन के लिए इन छह एयरबेसों को नष्ट करना काफी था और यह कि पाकिस्तानी एयरफोर्स अपने साउदर्न कमांड के चार ऐक्टिव एयरबेसों से कोई भी लड़ाकू विमान नहीं उड़ा पाएगा। इन एयरबेसों की लोकेशन इतनी दूर है कि भारत के हवाई हमले उसकी रेंज से बाहर पड़ जाते हैं।

पाकिस्तानी समय के अनुसार, करीब 1.10 बजे पाकिस्तान की तीनों सेनाओं के प्रमुखों को भारत के हमले के बारे में सूचित किया गया। जनरल

अहमद ने पाकिस्तानी समयानुसार, सुबह 5.30 बजे पाकिस्तान की राष्ट्रीय सुरक्षा परिषद् की आपातकालीन मीटिंग बुलाई।

इस दौरान पाकिस्तानी समयानुसार, सुबह 1.25 बजे से लेकर 2.15 बजे के बीच भारतीय वायु सेना के बीस सुखोई विमानों ने भारत-पाक सीमा (एल.ओ.सी.) को पार करके पाकिस्तान अधिकृत कश्मीर के 84 आतंकी ट्रेनिंग कैंपों पर बम बरसाकर ध्वस्त कर दिया। उन कैंपों में अधिकांश पाकिस्तानी रेंजर्स के आउट पोस्ट पाकिस्तानी आर्मी की सीमा चौकियों के निकट स्थित थे। इस प्रकार, भारत की वायु सेना ने सीमा के 45 किलोमीटर क्षेत्र में पाकिस्तान के सभी शक्तिशाली अड्डों का सफाया कर दिया।

जैसीकि उम्मीद थी, पाकिस्तानी एयरफोर्स कराची, जेकोबाबाद, क्वेटा और थट्टा स्थित अपने एयरबेसों से एक भी विमान नहीं उड़ा पाया; क्योंकि वे सभी स्थल, जहाँ भारतीय वायु सेना काररवाई कर रही थी, उनकी रेंज से बाहर पड़ते थे।

पाकिस्तानी समयानुसार, सुबह 4.55 बजे (भारत का समय : सुबह 5.25) जिन 1,320 भारतीय सैनिकों और अफसरों ने लगभग 23 घंटे पहले ताजिकिस्तान की सीमा पार करके अफगानिस्तान की सीमा में प्रवेश किया था। उन्होंने अब 21 किलोमीटर लंबे कराकोरम पर्वत-शृंखला के कम आबादीवाले दुर्गम पहाड़ी क्षेत्र को पार करके पाकिस्तान के उत्तरी इलाके में गिलगिट-बाल्टिस्तान प्रदेश की ओर बढ़ना शुरू कर दिया था। इसके लिए उन्हें 16,335 फीट की ऊँचाई पर स्थित इरशाद दर्रे को पार करना पड़ा था। उनके पास 20,000 डॉलर की नकद राशि थी, जिसका उपयोग उन्होंने रास्ते में पड़नेवाले कबीलों के सरदारों को 'चुप रहने' के लिए किया था। जहाँ तक अफगानों का प्रश्न था, वे अपने 'हिंदुस्तानी दोस्तों' की मदद को तैयार दिखाई दिए।

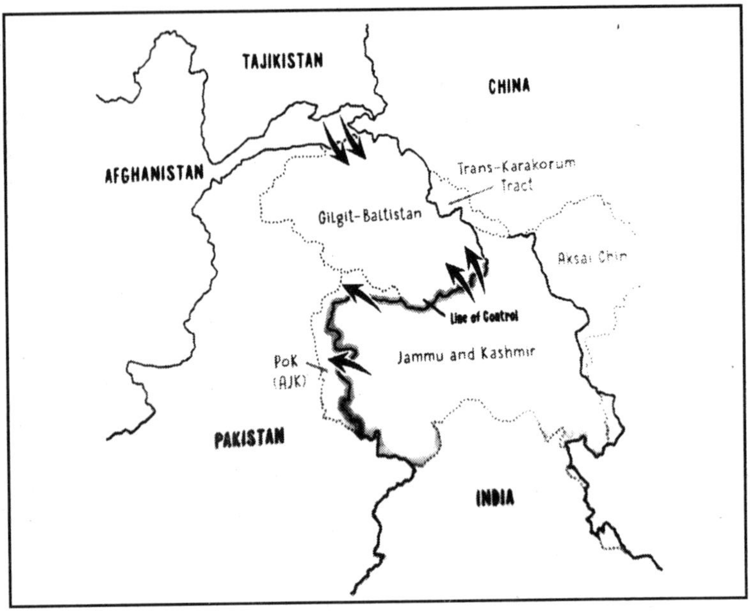

जैसे-जैसे वे पाकिस्तानी क्षेत्र में बढ़ते गए, उन्हें 20 किलोमीटर तक के मार्ग में विरोध की छिटपुट काररवाइयों के सिवाय कोई बड़ा मुकाबला नहीं करना पड़ा, क्योंकि सामान्य रूप से तैनात पाकिस्तानी फौज की टुकड़ियों को दो हफ्ते पहले ही (जब भारत के सैनिक कमांडर ने प्रेस कॉन्फ्रेंस की थी) पाकिस्तान की पूर्वी सीमा पर तैनात कर दिया गया था।

पाकिस्तानी सपने में भी नहीं सोच सकते थे कि भारतीय सेना अफगानिस्तान होकर ताजिकिस्तान से पाकिस्तान में घुसेगी।

भारतीय सेना के लगभग 1,320 जवान जैसे ही ताजिकिस्तान की सीमा पार कर गिलगिट-बाल्टिस्तान में घुसे, वैसे ही भारतीय सेना की अन्य चार बटालियनों के लगभग 3,800 सैनिकों और 400 अधिकारियों ने जम्मू व कश्मीर में एल.ओ.सी. को पार करके गिलगिट-बाल्टिस्तान में प्रवेश कर दिया और उत्तर-पूर्व दिशा की ओर बढ़ने लगे।

भारतीय सेना की अन्य छह बटालियनों के 6,280 सैनिक जवानों ने पाक-अधिकृत एल.ओ.सी. को छह जगहों से पार किया। यहाँ भी मार्ग में

किसी ने विरोध नहीं किया, क्योंकि भारतीय वायु सेना के जेट विमानों ने एल.ओ.सी. के 40 किलोमीटर के इलाके में सभी पाकिस्तानी अड्डों को हाल ही में ध्वस्त कर दिया था।

भारत के इस तीसरे सैन्य हमले में इजराइल की डिफेंस फोर्स की आई.डी.एफ. यूनिट 621 'इगोज' के 300 ऐलीट कमांडो के साथ 20 इजराइली सैन्य अधिकारी भी शामिल थे। इजराइल के ये कमांडो ब्रिगेड अपने गुरिल्ला वॉरफेयर, डायरेक्ट ऐक्शन और स्पेशल रिकॉनशॉ के लिए दुनिया भर में सबसे बेहतरीन कमांडो यूनिट मानी जाती है। भारत वर्षों से इजराइल से शस्त्र खरीदता आया है, इसलिए इजराइल सरकार ने अपने सबसे बड़े ग्राहक की मदद करने के लिए खुशी-खुशी अपने कमांडो को भेज दिया था।

भारत के इस तीसरे सैन्य हमले में इजराइल की डिफेंस फोर्स की आई.डी.एफ. यूनिट 621 'इगोज' के 300 ऐलीट कमांडो के साथ 20 इजराइली सैन्य अधिकारी भी शामिल थे। इजराइल के ये कमांडो ब्रिगेड अपने गुरिल्ला वॉरफेयर, डायरेक्ट ऐक्शन और स्पेशल रिकॉनशॉ के लिए दुनिया भर में सबसे बेहतरीन कमांडो यूनिट मानी जाती है। भारत वर्षों से इजराइल से शस्त्र खरीदता आया है, इसलिए इजराइल सरकार ने अपने सबसे बड़े ग्राहक की मदद करने के लिए खुशी-खुशी अपने कमांडो को भेज दिया था।

पाकिस्तानी समय के अनुसार, तड़के सुबह 3.15 से 4.40 बजे (भारतीय समय : सुबह 3.45 से 5.10) के बीच भारतीय वायु सेना के राफेल विमानों ने पाकिस्तान के आठ परमाणु सहायता केंद्रों पर बमबारी करके नष्ट कर दिया। इनमें तरनावा मिसाइल कॉम्प्लेक्स, निलोर रिप्रोसेसिंग प्लांट, कहूटा एनरिचमेंट प्लांट, गढ़वाल एनरिचमेंट प्लांट, वाह स्थित पाकिस्तान ऑर्डिनेंस फैक्टरी, शाका दारा मिसाइल कॉम्प्लेक्स, फतहजंग स्थित नेशनल डेवलपमेंट कॉम्प्लेक्स और खुशप परमाणु कॉम्प्लेक्स शामिल थे। इसमें बहावलपुर,

गुजराँवाला और सरगोधा के सात मोबाइल मिसाइल लॉन्चर-गैरीसन भी शामिल थे। पहले की तरह राफेल विमानों ने पाकिस्तान की वायु सीमा पार नहीं की थी।

आश्चर्यजनक रूप से भारतीय वायु सेना ने चश्मा रिप्रोसेसिंग प्लांट और डेरा गाजी खाँ परमाणु-कॉम्प्लेक्स या अन्य चार मिसाइल लॉन्चर गैरीसंस को हाथ नहीं लगाया था। 'शायद यह बरबादी अगले कुछ दशकों के लिए काफी थी।'

आर्मी और एयरफोर्स कमांडरों ने राष्ट्रीय सुरक्षा परिषद् को बताया कि पाकिस्तान नॉर्दर्न एयर कमांड और सेंट्रल एयर कमांड पूरी तरह से नष्ट हो चुके हैं। उन्होंने यह भी बताया कि 'आजाद कश्मीर' और गिलगिट-बाल्टिस्तान में पाकिस्तानी सेना और पाकिस्तानी रेंजर बेसों पर रात भर हमला हुआ है। उन्होंने अनधिकृत खबरों का हवाला देते हुए कहा कि अनेक परमाणु केंद्रों पर भी हमला हुआ है।

पाकिस्तानी समयानुसार, सुबह 5.30 (भारत का समय : सुबह 6 बजे) पाकिस्तान की राष्ट्रीय सुरक्षा परिषद् के सदस्य पिछले सत्रह दिनों में जब चौथी बार मिले तो किसी को नहीं पता था कि हो क्या रहा है?

आर्मी और एयरफोर्स कमांडरों ने राष्ट्रीय सुरक्षा परिषद् को बताया कि पाकिस्तान नॉर्दर्न एयर कमांड और सेंट्रल एयर कमांड पूरी तरह से नष्ट हो चुके हैं। उन्होंने यह भी बताया कि 'आजाद कश्मीर' और गिलगिट-बाल्टिस्तान में पाकिस्तानी सेना और पाकिस्तानी रेंजर बेसों पर रात भर हमला हुआ है। उन्होंने अनधिकृत खबरों का हवाला देते हुए कहा कि अनेक परमाणु केंद्रों पर भी हमला हुआ है।

चूँकि हमलों की जगहों पर उपलब्ध संचार के सभी साधन ध्वस्त हो चुके हैं, इसलिए जो भी थोड़ी-बहुत खबरें दूर के सैनिक स्थलों से मोबाइल फोनों के जरिए मिल रही हैं, उन्हें वहाँ के सैन्य अधिकारी दूर से देखकर दे

रहे हैं। असल में नुकसान कितना हुआ है, उसे जानने के लिए दो या तीन या उससे भी ज्यादा दिन लग सकते हैं। यह सब सुनकर बैठक में शोरगुल मचने लगा और आरोप-प्रत्यारोपों की उठा-पटक शुरू हो गई।

पाकिस्तान के समयानुसार, सुबह 6.30 बजे (पाकिस्तान का समय : 7.30) जनरल सुखबीर सिंह ने हॉट लाइन पर जनरल इकबाल अहमद से संपर्क साधा। मीटिंग में बैठे जनरल अहमद के कान में उनके एक सहायक ने आकर कुछ कहा। जनरल अहमद ने बैठक के सदस्यों से कुछ मिनटों के लिए वक्त माँगा और फोन को हाथ में ले लिया।

"इस वक्त पाक-अधिकृत जम्मू व कश्मीर और गिलगिट-बाल्टिस्तान में 20,000 (वास्तव में 12,000) भारतीय सेना के जवान हमले के लिए तैयार हैं। उनके पीछे भारतीय सेना है और सीमा पर अन्य 30,000 सैनिक इशारे का इंतजार कर रहे हैं।"

जब उनके समकक्ष भारतीय कमांडर ने उन्हें रात में किए गए भारतीय हमलों और उनसे हुई तबाही की खबर सुनाई तो उनके हाथों से तोते उड़ गए।

जनरल सुखबीर सिंह का फोन स्पीकर फोन मोड पर था। भारतीय वायु सेना और भारतीय नौ सेना के चीफ कॉल को सुन रहे थे।

"आप चाहते क्या हैं?" जनरल अहमद ने करीब-करीब चिल्लाकर कहा।

"इस वक्त पाक-अधिकृत जम्मू व कश्मीर और गिलगिट-बाल्टिस्तान में 20,000 (वास्तव में 12,000) भारतीय सेना के जवान हमले के लिए तैयार हैं। उनके पीछे भारतीय सेना है और सीमा पर अन्य 30,000 सैनिक इशारे का इंतजार कर रहे हैं।"

उन्होंने पाकिस्तान जनरल को 1,000 इजराइली कमांडो के बारे में भी बताया। वास्तव में सही संख्या 325 थी, लेकिन पाकिस्तानियों को यह कैसे पता चल पाएगा?

जनरल अहमद का मुँह सूख गया। उन्होंने घबराहट में अपने थूक को गले में सटका। उधर जनरल सुखबीर सिंह ने पाकिस्तान की बरबादी की खबरों को जारी रखा, "हमने एल.ओ.सी. के 45 किलोमीटर क्षेत्र में आपके सभी आर्मी और पैरा-मिलिटरी अड्डों को ध्वस्त कर दिया है। आपको आज दोपहर 3 बजे तक सरेंडर (समर्पण) करना है और हमें कश्मीर को, जिसे आपने सन् 1947-48 में गैर-कानूनी रूप से हथिया लिया था, बिना किसी लड़ाई-झगड़े के शांतिपूर्वक वापस कर देना है।"

बलूचिस्तान पाकिस्तान के दक्षिण-पश्चिमी इलाके का भू-क्षेत्र के लिहाज से सबसे बड़ा प्रदेश है, जो पाक-अधिकृत कश्मीर और गिलगिट-बाल्टिस्तान को मिलाकर कुल क्षेत्रफल का 39.7 प्रतिशत और इन इलाकों को छोड़कर 43.6 प्रतिशत है। यह प्रदेश सन् 1948 में पाकिस्तान में शामिल हुआ था और प्राकृतिक साधनों, जैसे—प्राकृतिक गैस, कोयला और अन्य खनिज पदार्थों से संपन्न इलाका है।

"लेकिन मैं खुद यह फैसला नहीं कर सकता, जनरल साहब!" पाकिस्तानी जनरल ने कहा, यह बताए बगैर कि इस समय सुरक्षा परिषद् की मीटिंग चल रही है, जो निश्चित रूप से इस मामले में निर्णय ले सकती है।

"मैं जानता हूँ कि आप कर सकते हैं, और आपको करना ही है, वरना हम बलूचिस्तान को आजादी दिलाने में मदद करेंगे, जो वहाँ का आवाम चाहता है।"

बलूचिस्तान पाकिस्तान के दक्षिण-पश्चिमी इलाके का भू-क्षेत्र के लिहाज से सबसे बड़ा प्रदेश है, जो पाक-अधिकृत कश्मीर और गिलगिट-बाल्टिस्तान को मिलाकर कुल क्षेत्रफल का 39.7 प्रतिशत और इन इलाकों को छोड़कर 43.6 प्रतिशत है। यह प्रदेश सन् 1948 में पाकिस्तान में शामिल हुआ था और प्राकृतिक साधनों, जैसे—प्राकृतिक गैस, कोयला और अन्य खनिज पदार्थों से संपन्न इलाका है। इस प्रदेश की आबादी लगभग 52

प्रतिशत अफगान और 36 प्रतिशत पश्तून है। बलूचिस्तान के आधे से ज्यादा नागरिक पंजाबी-बहुल पाकिस्तानियों से आजादी चाहते हैं।

सन् 2004 से बलोच नेशनल मूवमेंट (राष्ट्रीय आंदोलन) की झलकें ब्रिटेन, कनाडा, स्विट्जरलैंड और संयुक्त राष्ट्र संघ के हेडक्वार्टर्स में दिखाई देती रही हैं। सन् 2015 से 'बलूच नेशनल मूवमेंट' लगातार भारत से मदद की गुहार लगा रहा है और कुछ लोग तो बलूचिस्तान को हिंदुस्तान में शामिल करने का प्रस्ताव कर रहे हैं।

सन् 2004 से बलोच नेशनल मूवमेंट (राष्ट्रीय आंदोलन) की झलकें ब्रिटेन, कनाडा, स्विट्जरलैंड और संयुक्त राष्ट्र संघ के हेडक्वार्टर्स में दिखाई देती रही हैं। सन् 2015 से 'बलूच नेशनल मूवमेंट' लगातार भारत से मदद की गुहार लगा रहा है और कुछ लोग तो बलूचिस्तान को हिंदुस्तान में शामिल करने का प्रस्ताव कर रहे हैं।

"लेकिन आज जुम्मा है और हमें…" जनरल आगे कहने जा रहे थे कि भारतीय सेना के चीफ कमांडर ने बीच में दखल दे दिया।

"मुझे मालूम है, आपका आज जुम्मा की नमाज का दिन है और मैंने उस पर सोच-समझकर फैसला लेकर ही दोपहर 3 बजे का वक्त दिया है, जो आपकी 'दुहर' और 'अस्र' की नमाजों के बीच का वक्त है।"

"हमारे धार्मिक कार्यों के बारे में सोचने के लिए शुक्रिया, जनरल साहेब। मैं अपने लोगों से मशविरा करके आपके समय सुबह 11 बजे आपको फोन करता हूँ।"

जनरल इकबाल अहमद हारी हुई मुद्रा में मीटिंग में वापस लौटे। उन्होंने हिंदुस्तानी जनरल की कॉल के बारे में बताया।

"लेकिन इस बार दुनिया के नेता जरूर हमारी मदद को आएँगे।" प्रधानमंत्री खान ने कहा।

"हमारे पास उसके लिए वक्त नहीं, खान साहेब! हिंदुस्तानियों के

25,000 से ज्यादा फौजी इस **वक्त** आजाद कश्मीर व गिलगिट–बाल्टिस्तान में मौजूद हैं और हमारे पास एक **भी** नहीं हैं। हमारी हवाई सेना लगभग बरबाद हो चुकी है और उनके पास राफेल **विमान हैं**।" जनरल अहमद ने कहा।

उसके बाद उन्होंने एक दूसरा झटका दिया, "हिंदुस्तानियों के साथ 1,000 इजराइली कमांडो भी हैं।" इस बार उनकी मंशा अपने फौजियों की जिंदगियों को दाँव पर लगाने की नहीं थी, क्योंकि इसका मतलब था कि हरेक यूनिट 621 के कमांडो के हाथों 5 से 7 पाकिस्तानी फौजियों का मारा जाना तय था।

"तब हमें इसलामी मुल्कों के दोस्तों से मदद माँगनी चाहिए। यह मजहबी जंग है।" पाकिस्तान के रक्षा मंत्री ने कहा।

"मैं किसी तरह तीन दिन की मोहलत माँगता हूँ।" जनरल अहमद बोले। अपने वादे के मुताबिक पाकिस्तानी कमांडर ने भारतीय समयानुसार सुबह 11 बजे अपने समकक्ष हिंदुस्तानी जनरल को फोन किया।

"मैं किसी तरह तीन दिन की मोहलत माँगता हूँ।" जनरल अहमद बोले। अपने वादे के मुताबिक पाकिस्तानी कमांडर ने भारतीय समयानुसार सुबह 11 बजे अपने समकक्ष हिंदुस्तानी जनरल को फोन किया। सुबह की कॉल की तरह जनरल सुखबीर सिंह का फोन स्पीकर मोड पर था और उनके दोनों सहयोगी बड़े गौर से सुन रहे थे।

सुबह की कॉल की तरह जनरल सुखबीर सिंह का फोन स्पीकर मोड पर था और उनके दोनों सहयोगी बड़े गौर से सुन रहे थे।

"मुझे डर है कि हम इतना बड़ा फैसला इतने कम समय में नहीं ले सकेंगे, जनरल साहेब! मुझे इतवार शाम तक का वक्त चाहिए। इस बीच मैंने अपनी फौजों को हथियार डालने के लिए कह दिया है। और मेरी गुजारिश होगी कि आप भी यही कर दें।"

"आपके पास चौबीस घंटे हैं।" भारतीय सेनाध्यक्ष ने जवाब दिया और फोन काट दिया।

राष्ट्रीय सुरक्षा परिषद् की दूसरी मीटिंग पाकिस्तानी समयानुसार, सुबह 11.30 बजे हुई और जनरल अहमद ने काउंसिल को भारत के फैसले के बारे में सूचित कर दिया।

प्रधानमंत्री इरफान खान को फोन पर जवाब मिले—

"मुझे अफसोस है, जैसाकि मैंने पंद्रह दिन पहले आपसे कहा था, चीन हरगिज नहीं चाहता कि वह तीसरे विश्व युद्ध को शुरू करनेवाला देश बने।"

"मि. प्राइम मिनिस्टर! रूस आपकी मदद नहीं कर सकता।"

"मि. प्राइम मिनिस्टर! जैसाकि मैंने आपसे कहा था कि यूनाइटेड स्टेट्स इस मामले में शामिल नहीं होना चाहता।"

"बहुत देर हो गई, साकिब (भाई)!" सऊदी क्राउन प्रिंस ने कहा।

"लेकिन इंडिया इजराइली कमांडो का इस्तेमाल कर रहा है।"

"बहुत ही बदकिस्मती और सदमे की बात है, जैसाकि मैंने कहा, अब बहुत देर हो चुकी है। पाकिस्तान की तरह इंडिया भी हमारा बहुत अच्छा दोस्त है।" अबूधाबी के शेख और यूनाइटेड अरब अमीरात के प्रेसीडेंट ने कहा। पाकिस्तानी नहीं जानते थे कि यू.ए.ई. ने अपने एयरबेस में वायु सेना के विमानों को ईंधन भरने की इजाजत दी थी।

"बहुत ही बदकिस्मती और सदमे की बात है, जैसाकि मैंने कहा, अब बहुत देर हो चुकी है। पाकिस्तान की तरह इंडिया भी हमारा बहुत अच्छा दोस्त है।" अबूधाबी के शेख और यूनाइटेड अरब अमीरात के प्रेसीडेंट ने कहा। पाकिस्तानी नहीं जानते थे कि यू.ए.ई. ने अपने एयरबेस में वायु सेना के विमानों को ईंधन भरने की इजाजत दी थी।

"लेकिन भारत इजराइल कमांडो का इस्तेमाल कर रहा है!"

"आपने बताया और मुझे बहुत अफसोस हुआ; लेकिन हम इसमें हस्तक्षेप नहीं करना चाहते, जो साफ तौर पर दो आपसी मुल्कों का मामला है।"

इनके अलावा दूसरा कोई दुनिया का नेता नहीं था, जिससे मदद माँगी जाए। पाकिस्तान के ज्यादा दोस्त नहीं थे।

शनिवार, 22 अगस्त, 2020

भारतीय समयानुसार सुबह 10 बजे (पाकिस्तानी समयानुसार सुबह 9.30 बजे) पाकिस्तान के आर्मी चीफ ने अपने भारतीय समकक्ष को दोबारा फोन मिलाया, "हमें आपकी माँगें मंजूर हैं। लेकिन हमारी भी दो माँगें हैं।"

"आपकी दो माँगें क्या हैं ?" "पहली, आजाद कश्मीर और गिलगिट-बाल्टिस्तान में हमारे भाई-बहन, जो पाकिस्तान आना चाहते हैं, उन्हें अमन-चैन से उनके माल-असबाब के साथ आने दिया जाए। और भारत उन्हें फिर से बसाने के एलौंस की शक्ल में हरेक व्यक्ति को पाकिस्तानी मुद्रा में तीन-तीन लाख रुपए की रकम मुहैया कराए।"

"आपकी दो माँगें क्या हैं ?"

"पहली, आजाद कश्मीर और गिलगिट-बाल्टिस्तान में हमारे भाई-बहन, जो पाकिस्तान आना चाहते हैं, उन्हें अमन-चैन से उनके माल-असबाब के साथ आने दिया जाए। और भारत उन्हें फिर से बसाने के एलौंस की शक्ल में हरेक व्यक्ति को पाकिस्तानी मुद्रा में तीन-तीन लाख रुपए की रकम मुहैया कराए।"

"और दूसरी माँग ?"

"भारत पाकिस्तान की मिलिटरी और न्यूक्लियर सुविधाओं को, जिन्हें आपकी एयरफोर्स ने बरबाद कर दिया है, नए सिरे से बनाने और दुरुस्त करने के लिए पाकिस्तान को पाकिस्तानी मुद्रा में 40 हजार करोड़ रुपए की इमदाद जारी करे।"

"दूसरी माँग का जवाब 'नो' में है। पिछले महीने जब आपकी सरकार द्वारा प्रायोजित आतंकियों ने हमारे 83 सैनिकों को शहीद किया था, वह युद्ध की काररवाई थी। और हमारा जवाब अपनी हिफाजत का रहा था।

परिस्थितियाँ दूसरी रही हों, पर यह नया हिंदुस्तान है, जिससे आपको बात करना है।"

"वे सब सरकार द्वारा प्रायोजित आतंकी नहीं थे।"

"आप जितना चाहें इनकार करते रहें, जनरल साहेब, लेकिन आप और मैं जानते हैं कि सच क्या है!"

"लेकिन···"

"जहाँ तक पहली माँग का सवाल है, यह बिल्कुल गलत नहीं है। बहरहाल इसे लागू करना उतना आसान नहीं है। मुझे इस बारे अपने देश के कई लोगों से विमर्श करना होगा, क्योंकि हमारा देश सैन्य शासन वाला देश नहीं है। इसके लिए आपको मुझे मंगलवार की शाम 5 बजे तक का समय देना होगा। क्या यह ठीक होगा?"

"जहाँ तक पहली माँग का सवाल है, यह बिल्कुल गलत नहीं है। बहरहाल इसे लागू करना उतना आसान नहीं है। मुझे इस बारे अपने देश के कई लोगों से विमर्श करना होगा, क्योंकि हमारा देश सैन्य शासन वाला देश नहीं है। इसके लिए आपको मुझे मंगलवार की शाम 5 बजे तक का समय देना होगा। क्या यह ठीक होगा?"

"जी हाँ, जनरल साहेब, खुदा हाफिज!"

"खुदा हाफिज।"

अगले साढ़े तीन दिन तीनों सेनाओं के अध्यक्षों ने गृह मंत्रालय, वित्त और रक्षा मंत्रालय के वरिष्ठ अधिकारियों के अलावा पूर्व प्रधानमंत्री कडक मेहता से विचार-विमर्श किया कि क्या पाक-अधिकृत कश्मीर और गिलगिट-बाल्टिस्तान के नागरिकों को पाकिस्तान जाने दिया जाए? और क्या उन्हें पुनर्वास की रकम दी जाए? लंबी वार्त्ताओं के बाद अंततः वे सारी बातों पर एक आम सहमति बनाने में सफल हो गए, जिस पर राष्ट्रपति ने अपनी अनुमति प्रदान कर दी। इसके लिए संभावित खर्च के बजट पर भी वित्त मंत्री तथा प्रधानमंत्री ने बिना किसी प्रश्न के चुपचाप अनुमति प्रदान कर दी। उन्हें कैद से आजाद करनेवाले यही लोग थे।

मंगलवार, 25 अगस्त, 2020

पाकिस्तानी समयानुसार शाम 5 बजे (भारतीय समय : शाम 5.30 बजे) जनरल सुखबीर सिंह ने अपने पाकिस्तानी समकक्ष को फोन मिलाया।

"हम पाक-अधिकृत कश्मीर और गिलगिट-बाल्टिस्तान के बाशिंदों को पाकिस्तान जाने को चुनने के लिए समय देंगे। अगले 45 दिनों में हम वहाँ रिफ्रेंडम (जनमत-संग्रह) कराएँगे। उसके बाद जो लोग पाकिस्तान जाने को चुनते हैं, उन्हें और 45 दिनों का वक्त दिया जाएगा, ताकि वे जा सकें। इसके बाद दरवाजा बंद हो जाएगा।"

"शुक्रिया, जनरल साहेब! और उनको फिर से बसाने के खर्च का फैसला क्या है?"

"मैं उसी पर आ रहा था। हम पाकिस्तानी करेंसी में बारह साल से ज्यादा उम्रवाले हर शख्स को 6 लाख रुपए और बारह साल से कम प्रत्येक बच्चे को 3 लाख रुपए का मुआवजा देंगे। हमारे खयाल से यह रकम काफी है।"

"शुक्रिया, जनरल साहेब! और मुझे यकीन है कि उन्हें इत्मिनान से आने देने का पक्का इंतजाम करेंगे।"

"आपको यह बताने की जरूरत नहीं है।

□

22

मेहता की वापसी, कश्मीर अपना हुआ!

बृहस्पतिवार, 27 अगस्त, 2020

लोकसभा में पूर्व प्रधानमंत्री और वर्तमान विरोधी दल के नेता कडक मेहता ने नीलिमा गुप्ता और उनकी सरकार के विरोध में अविश्वास प्रस्ताव प्रस्तुत किया। प्रस्ताव पर अगले दो दिनों तक संसद् सदस्यों ने, विशेषकर 86 सदस्यों ने, प्रस्ताव के पक्ष और विपक्ष पर बहस की।

शुक्रवार, 28 अगस्त, 2020

नीलिमा गुप्ता पिछले वर्ष जून में 292 सदस्यों के समर्थन से प्रधानमंत्री चुनी गई थीं। उनमें से केवल 138 सदस्यों ने उनके समर्थन में वोट दिया। यह आँकड़ा कुल सदस्यों की संख्या 543 को देखते हुए अल्प मत में था, लिहाजा उनकी सरकार के विरोध में प्राप्त 298 मतों से अविश्वास प्रस्ताव को स्वीकार कर लिया गया। मतदान में 107 सदस्यों ने भाग नहीं लिया, जिसमें वंशवादी पार्टी के 98 सदस्य शामिल थे, जो एक कमजोर सरकार को समर्थन देते हुए दिखना नहीं चाहते थे।

कडक मेहता एक बार फिर से शपथ लेकर प्रधानमंत्री बन गए।

बृहस्पतिवार, 3 सितंबर, 2020

भारत और पाकिस्तान ने एक अटल और अपरिवर्तनीय संधि पर हस्ताक्षर किए, जिसमें पाकिस्तान ने समूचे जम्मू व कश्मीर क्षेत्र (जिसमें जम्मू व कश्मीर, पाक-अधिकृत कश्मीर और गिलगिट-बाल्टिस्तान शामिल

था) पर भारत की संप्रभुता को स्वीकार किया और यह वादा किया कि इस विषय को वह किसी आपसी या अन्य किसी विदेशी मंच पर नहीं उठाएगा।

भारत को अफगानिस्तान से सीधा संपर्क साधने के लिए उसकी 100 किलोमीटर लंबी सीमा का मार्ग मिल गया, जो दोनों देशों की सुरक्षा के लिए जरूरी था।

संधि पर हस्ताक्षर का समारोह राष्ट्रपति भवन के सामनेवाले प्रांगण में आयोजित किया गया, जिसे देखने के लिए चीन के राष्ट्रपति, रूस के राष्ट्रपति, ईरान के राष्ट्रपति, सऊदी अरब के क्राउन प्रिंस, अबूधाबी के शासक के अलावा अफगानिस्तान के राष्ट्रपति भी मौजूद थे।

प्रधानमंत्री ने यह सुनिश्चित कर लिया था कि संधि पर गवाह के रूप में हस्ताक्षर करनेवाले विश्व के छह नेताओं में से चार इसलामिक देशों के चुने हुए शासक या चुने हुए नेता हों। विश्व को एक चौथा शक्तिशाली राष्ट्र मिल गया था।

इसकी गवाही देने के लिए जम्मू व कश्मीर की दोनों बड़ी राजनीतिक पार्टियों के अध्यक्षों के अलावा राज्य के दोनों पूर्व मुख्यमंत्री तथा कश्मीर के छह बड़े अलगाववादी संगठनों के मुखिया मौजूद थे। संधि पर हस्ताक्षर करते हुए मोहतरमा और उनके छह लोगों ने विशेष रूप से वादा किया कि राज्य की आजादी तथा पाकिस्तान में शामिल होने की माँग वर्तमान और भविष्य में कभी नहीं उठाएँगी।

प्रधानमंत्री ने यह सुनिश्चित कर लिया था कि संधि पर गवाह के रूप में हस्ताक्षर करनेवाले विश्व के छह नेताओं में से चार इसलामिक देशों के चुने हुए शासक या चुने हुए नेता हों।

विश्व को एक चौथा शक्तिशाली राष्ट्र मिल गया था।

एक बार फिर करोड़ों भारतीयों ने सड़कों पर आकर 'हिंदुस्तान जिंदाबाद', 'पाकिस्तान मुर्दाबाद' तथा 'भारत माता की जय' के नारों से देश के आकाश को गुंजायमान कर दिया। वे मेहता...मेहता...की आवाजें भी लगा रहे थे।

हजारों भारतीयों ने ट्वीट किया कि 3 सितंबर को 'कश्मीर के स्वाधीनता दिवस' के रूप में घोषित किया जाए।

नब्बे दिनों की मियाद में, जिसे भारत ने पाकिस्तान को दिए थे, पाकिस्तान ने पाक-अधिकृत कश्मीर और गिलगिट-बाल्टिस्तान से अपनी सेना, अर्धसैनिक प्रतिष्ठान और सरकारी मुलाजिमों को हटा लिया।

भारतीय सेना ने दोनों क्षेत्रों को, चुनाव होने और लोकतांत्रिक सरकार की स्थापना तक, अपने प्रशासनिक नियंत्रण में ले लिया।

पाक-अधिकृत कश्मीर और गिलगिट-बाल्टिस्तान की करीब 68 लाख 84 हजार आबादी में से करीब 42 प्रतिशत, अर्थात् केवल 29 लाख लोगों ने पाकिस्तान जाने का चुनाव किया। पाकिस्तान को यह जानकर धक्का लगा कि 58 प्रतिशत जनता ने भारत में रहना पसंद किया। पाकिस्तान के किसी भी नेता को इतनी बड़ी संख्या की उम्मीद नहीं थी, जो भारत में रहना पसंद करेगी।

यह शायद इसलिए भी संभव हुआ था कि इधर अनेक वर्षों से भारत न केवल आर्थिक रूप से मजबूत हुआ था, बल्कि उसने यह भी साबित कर दिया था कि वह सैन्य शक्ति के रूप में भी पाकिस्तान को पीछे छोड़ चुका है और यह कि उसने पिछले 55 वर्षों में चौथी बार करके दिखा दिया है।

पुनर्वास का खर्च भारत को 1.39 लाख करोड़ रुपए या 1.39 ट्रिलियन पाकिस्तानी रुपयों में पड़ा था।

यह शायद इसलिए भी संभव हुआ था कि इधर अनेक वर्षों से भारत न केवल आर्थिक रूप से मजबूत हुआ था, बल्कि उसने यह भी साबित कर दिया था कि वह सैन्य शक्ति के रूप में भी पाकिस्तान को पीछे छोड़ चुका है और यह कि उसने पिछले 55 वर्षों में चौथी बार करके दिखा दिया है।

पुनर्वास का खर्च भारत को 1.39 लाख करोड़ रुपए या 1.39 ट्रिलियन पाकिस्तानी रुपयों में पड़ा था।

भारत के जबरदस्त हमले के बाद अंतरराष्ट्रीय बाजार में पाकिस्तानी

रुपया लुढ़ककर नीचे गिर गया था।

भारत के लिए यह मूल्य राफेल विमानों के सौदे से 12 प्रतिशत कम कीमत पर पड़ा था। सौदे में भारत ने 36 राफेल जेट विमान खरीदे थे। इस पर जो खर्च हुआ, वह पूरे जम्मू व कश्मीर के मोल का एक अंश मात्र था।

बुधवार, 9 सितंबर, 2020

कडक मेहता लोकसभा में 137 मतों के विरोध में 299 मत प्राप्त कर अपना बहुमत हालिस करने में सफल हो गए। मतदान में 107 मतों का प्रयोग नहीं हुआ था।

विश्व भर के नेताओं की ओर से बधाई के संदेश प्राप्त हुए। लेकिन इसमें पहल जिसने की, वे पाकिस्तान के नए प्रधानमंत्री नवाज मलिक थे, जिन्होंने मतगणना के करीब 60 प्रतिशत परिणामों की घोषणा के बाद ही प्रधानमंत्री को शुभकामना संदेश भेज दिया था।

बहरहाल, उन्होंने लोकसभा को भंग करके फिर से चुनावों की माँग की।

छत्तीस दिनों में चौथी बार करोड़ों-लाखों लोगों ने सड़कों पर प्रदर्शन करके मेहता...मेहता...की माँग की।

रविवार, 8 दिसंबर, 2020

भारत में 2 नवंबर से 4 दिसंबर के बीच छह चरणों में चुनाव का आयोजन किया गया।

रविवार 8 दिसंबर को मतगणना हुई।

मेहता के राजनीतिक गठबंधन ने लोकसभा की 543 सीटों में से 423 सीटें जीतकर सदन में तीन-चौथाई बहुमत प्राप्त कर लिया। उनकी अपनी दक्षिणपंथी पार्टी ने 364 सीटें जीतकर सदन का दो-तिहाई बहुमत प्राप्त कर लिया।

विश्व भर के नेताओं की ओर से बधाई के संदेश प्राप्त हुए। लेकिन इसमें पहल जिसने की, वे पाकिस्तान के नए प्रधानमंत्री नवाज मलिक थे,

जिन्होंने मतगणना के करीब 60 प्रतिशत परिणामों की घोषणा के बाद ही प्रधानमंत्री को शुभकामना संदेश भेज दिया था।

इरफान खान को पाकिस्तान की करारी हार और गिलगिट-बाल्टिस्तान तथा पाक-अधिकृत कश्मीर (पाकिस्तान के लिए आजाद कश्मीर) को भारत को दे देने के लिए उनकी पार्टी ने 5 सितंबर को उन्हें इस्तीफा देने के लिए मजबूर कर दिया।

प्रधानमंत्री नवाज मलिक प्रधानमंत्री मेहता से पहली फुरसत में ही मिलना चाहते थे और दोनों पड़ोसी देशों में आपसी सहयोग व मित्रता पर बातचीत करके भविष्य के लिए एक स्थायी और शांतिमय वातावरण बनाने के लिए एक रूपरेखा तैयार करना चाहते थे।

भारतीय सैन्य काररवाई के बाद से ही बलूच आजादी आंदोलन भारत से इसी प्रकार की काररवाई करके उन्हें आजादी दिलाने की माँग करने लगा था। इसी प्रकार, पाकिस्तान के सिंध और खैबर पख्तूनवा प्रदेशों से भी पंजाबी-बहुल पाकिस्तान से आजादी की माँग उठने लगी थी।

□

उपसंहार

मॉस्को में ब्रिगेडियर फारूक हुसैन के अपार्टमेंट में विस्फोट हुआ। इस भयानक दुर्घटना में अग्निशामक और आपातकालीन सेवा को 6 फीट 1 इंच की बुरी तरह जली हुई एक लाश बरामद हुई।

कात्या पेट्रोव हवाई जहाज से मिंस्क से पेरिस पहुँच गई थी, जहाँ उसे 'रॉ' के एक एजेंट के माध्यम से 15 लाख पाउंड नकद मिल गए थे। उसने अपने चेहरे की प्लास्टिक सर्जरी कराके अपने बालों का रंग भी बदल लिया था। उसने अब एक नई पहचान बनाकर एक हिंदुस्तानी से शादी कर ली थी। उसे बिरयानी का चाव था। एफ.एस.बी. या एस.वी.आर. कभी उसे पकड़ नहीं पाए।

इमरान-उल-हक की कार, जब वह उसमें बैठकर अपने ऑफिस जा रहा था, तेज रफ्तार से आनेवाले एक ट्रक से टकरा गई। उसके मस्तिष्क पर गहरी चोटें आईं। पाकिस्तान के मेडिकल साइंस अस्पताल ने उसे दाखिल होने से पूर्व मृत घोषित कर दिया।

वांग ली को दुबई में 'रॉ' ने 7.5 लाख डॉलर और दस वर्ष के यू.एस. वीजा के साथ एक नया पासपोर्ट दिया। वह न्यूयॉर्क चली गई, जहाँ उसने अपने आप को विशाल चीनी आबादी में खपा लिया। चूँकि वह कभी भी एम.एस.एस. एजेंट नहीं रही थी, इसलिए एम.एस.एस. उसकी तलाश में नहीं थी और चीनी विदेश मंत्रालय को अपने ढेरों कामों से फुरसत नहीं थी कि वह किसी को ढूँढ़ती फिरे। वांग ली अब भी 'रॉ' की जासूस है।

पाकिस्तान में चीनी राजदूत को सेवा पूर्व रिटायरमेंट दे दिया गया। पेंशन नहीं दी गई।

चेन योंग की गद्दारी का चीन को कभी पता नहीं चला।

आयशा बीबी पाकिस्तान में देशद्रोह की दोषी पाई गई। उसे बिना पेरोल के पंद्रह साल के लिए जेल भेज दिया गया।

सिड को प्रधानमंत्री मेहता ने डायरेक्टोरेट ऑफ मिलिटरी इंटेलिजेंस द्वारा आयोजित एक निजी समारोह में सम्मानित किया। समारोह में सेना के वरिष्ठ अधिकारियों के अतिरिक्त 'रॉ' और आई.बी. के वरिष्ठ अधिकारियों ने भी भाग लिया। वह अब भी बॉलीवुड, टॉलीवुड और तमिल सिनेमा में अभिनय के साथ गाने भी गाता है।

पाकिस्तान के आर्मी चीफ ने आई.एस.आई. में आमूल-चूल परिवर्तन करके लेफ्टिनेंट जनरल अयूब इलाही, मेजर जनरल नवाज खान और जनरल फजल मिर्जा को नौकरी से निकाल दिया और गद्दारी के जुर्म में 5 से 10 सालों के लिए जेलों में बंद कर दिया।

डिप्टी डायरेक्टर जनरल, जो आई.एस.आई. की इंटरनल विंग की सेवा कर रहे थे, उन्हें आई.एस.आई. का चीफ बना दिया गया।

वर्ष 2020 के चुनावों में केवल 4 सीटें जीतने के कारण नीलिमा गुप्ता ने राजनीति से संन्यास ले लिया।

रिटायर होने से पूर्व प्रधानमंत्री मेहता ने जनरल सुखबीर सिंह को पदोन्नत कर भारत के तीसरे 'फील्ड मार्शल' का ओहदा प्रदान किया, जो भारतीय सेना के चार स्टारवाले जनरल के लिए सर्वोच्च पद होता है।

रिटायरमेंट के बाद उन्हें एक नए सृजित पद भारत का 'चीफ ऑफ डिफेंस स्टाफ' बना दिया गया।

एयर चीफ मार्शल अनिल कुमार श्रीवास्तव को पदोन्नत कर वायु सेना का मार्शल बना दिया गया, जो भारतीय वायु सेना का सर्वोच्च पद होता है।

इन तीनों अफसरों और एडमिरल अरूप घोष को भारत के सर्वोच्च सैनिक सम्मान 'परम वीर चक्र' से सम्मानित किया गया।

दो आतंकी संगठन के संस्थापक हाफिज सईद और मौलाना मसूद अजहर फिर कभी दिखाई नहीं दिए। वे संभवत: भारतीय हमलों में मारे गए थे।

नई दिल्ली में पाकिस्तान के उच्चायुक्त के साथ तीन अन्य वरिष्ठ अधिकारियों को नौकरी से बरखास्त कर दिया गया।

□□□